Martin Arz

HAID HAU SEN

Reiseführer für Münchner

HIRSCHKÄFER verlag

Der »Glaspalastbrunnen« am Weißenburger Platz stand ursprünglich am 1931 niedergebrannten Glaspalast im Alten Botanischen Garten in der Maxvorstadt.

Beliebtes Wohn- und angesagte Ausgehviertel – was Schwabing in den 1960er und 1970er Jahren war, wurde Haidhausen in den 1980ern. Wer jung und hip war, oder sich zumindest dafür hielt, zog hierher. Das alte Arbeiterviertel erlebte seinen großen Aufschwung als junges Münchner In-Viertel. Dabei ist Haidhausen selbst erheblich älter als München. Wie viele andere Stadtviertel ging Haidhausen aus einem kleinen Dorf hervor. Gerade mal vier Höfe und eine Kirche bildeten den Ort.
Doch Haidhausen wuchs schnell, wurde Heimat der vielen billigen Lohnarbeiter, die in München Arbeit suchten. Lange Zeit musste erst das Dorf, dann die eingemeindete Vorstadt mit dem Makel leben, ein verrufenes Glasscherbenviertel zu sein. Erbärmliche Herbergssiedlungen prägten das Straßenbild und immer wieder wurde das Viertel zum Spielball von Immobilienspekulanten. Haidhausen trug aber auch erheblich dazu bei, dass München stetig wachsen konnte, denn hier standen die ersten Ziegeleien, die Backsteine für die Bauvorhaben in der großen Stadt produzierten.
Dank seines für München recht hohen Altbauanteils wurde Haidhausen dann in den späten 1970ern langsam für Studenten, Kreative und alternatives Jungvolk attraktiv. Legendär waren z. B. das Café Größenwahn und das Café Stöpsel. Danach kamen die Besserverdiener und das, was man heute Gentrifizierung nennt.
Doch was war vorher, was hat das Viertel und seine Bewohner geprägt? Dieses Haidhausen-Buch ist ein neuer Stadtteilführer, der zugleich als Reiseführer funktioniert und zu allen wichtigen Punkten leitet, selbst wenn diese gar nicht mehr zu sehen sind. Der Reiseführer wendet sich aber nicht nur an Münchner, auch Touristen, Neigschmeckte und Zuagroaste können mit dem Buch das Viertel erkunden.
Haidhausen hat einiges zu bieten, was Touristen aus aller Welt anlockt – das Maximilianeum zum Beispiel, die Villa Stuck oder auch das Gasteig Kulturzentrum. Daneben gibt es viele reizvolle Ecken abseits der Trampelpfade. Liebevoll restaurierte Herbergshäuser erinnern an die bewegte Geschichte. Haidhausen hat einen unvergleichlichen Reiz, der sich manchem vielleicht erst erschließt, wenn er mehr über das Viertel weiß.
Historisches findet ebenso Berücksichtigung wie Aktuelles. Vergangenes und Verlorenes stehen neben Verborgenem und Verführerischem. Offizielle Institutionen und lebende Legenden werden porträtiert. Wir verlassen dabei manchmal die offiziellen Viertelgrenzen und machen kleine Abstecher nach Bogenhausen und Berg am Laim. Blättern, schmökern, Bilder angucken – das Buch soll so viel Spaß machen wie Haidhausen.
Martin Arz
München im Frühjahr 2013

Inhalt

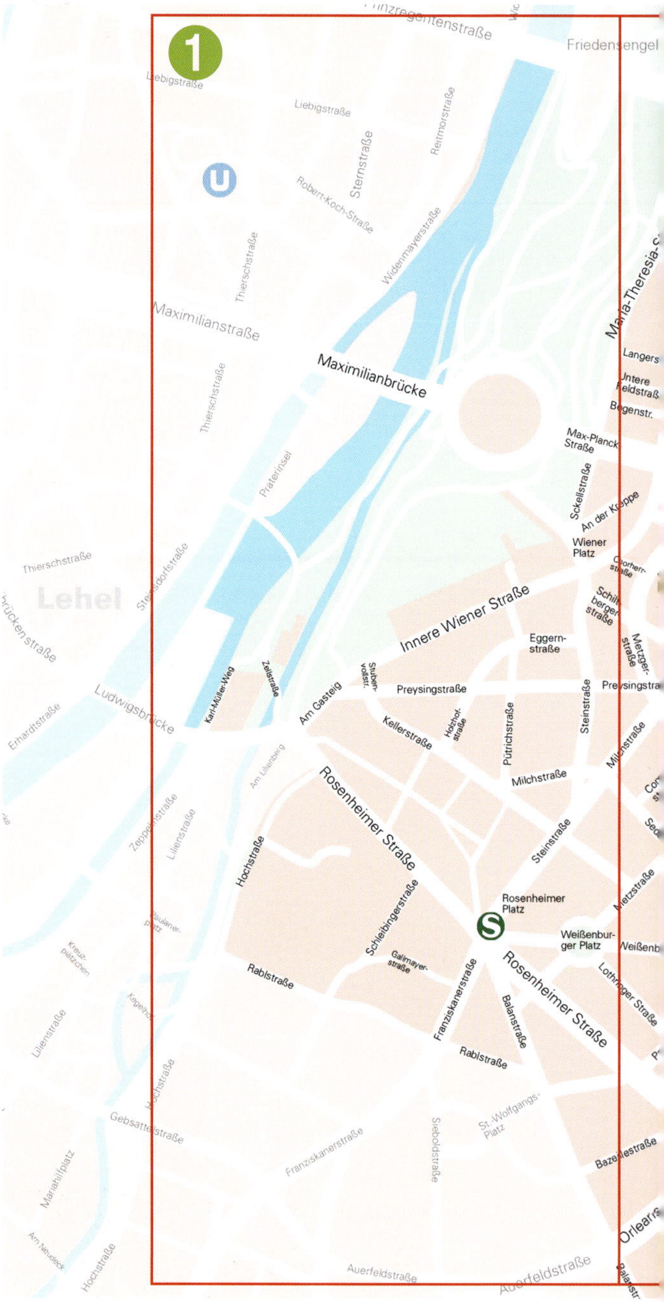

1
Friedensengel
Liebigstraße
Sternstraße
Reitmorstraße
Robert-Koch-Straße
Widenmayerstraße
Thierschstraße
Maximilianstraße
Maximilianbrücke
Praterinsel
Lehel
Steinsdorfstraße
Ludwigsbrücke
Karl-Müller-Weg
Zellstraße
Am Gasteig
Innere Wiener Straße
Preysingstraße
Kellerstraße
Pütrichstraße
Steinstraße
Milchstraße
Rosenheimer Straße
Hochstraße
Zeppelinstraße
Lilienstraße
Rosenheimer Platz
Weißenburger Platz
Schleibingerstraße
Rablstraße
Franziskanerstraße
Balanstraße
Max-Planck-Straße
Wiener Platz
Eggernstraße
Metzgerstraße
Lothringer Straße
Gebsattelstraße
Mariahilfplatz
Auerfeldstraße
St.-Wolfgangs-Platz
Sieboldstraße
Bazeillesstraße

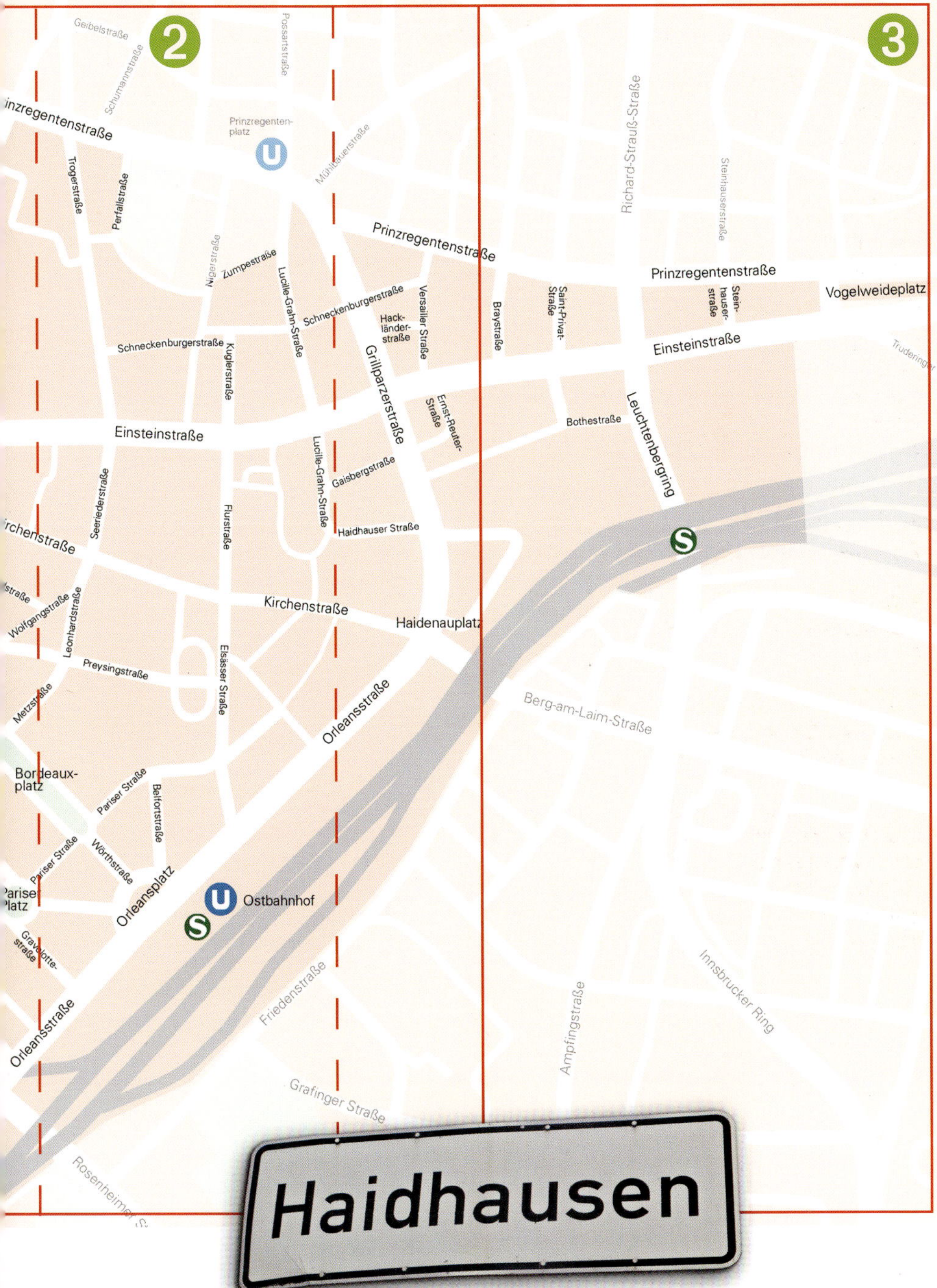
2
3
Geibelstraße
Schumannstraße
Possartstraße
Prinzregentenstraße
Prinzregentenplatz
Mühldorferstraße
Trogerstraße
Perfallstraße
Nigerstraße
Zumpestraße
Lucille-Grahn-Straße
Schneckenburgerstraße
Hackländerstraße
Versailler Straße
Kuglerstraße
Grillparzerstraße
Ernst-Reuter-Straße
Einsteinstraße
Gaisbergstraße
Seeriederstraße
Flurstraße
Haidhauser Straße
Kirchenstraße
Haidenauplatz
Wolfgangstraße
Leonhardstraße
Preysingstraße
Elsässer Straße
Orleansstraße
Metzstraße
Bordeauxplatz
Pariser Straße
Belfortstraße
Wörthstraße
Pariser Platz
Orleansplatz
Ostbahnhof
Gravelottestraße
Friedenstraße
Grafinger Straße
Rosenheimer Str.
Richard-Strauß-Straße
Steinhauserstraße
Braystraße
Saint-Privat-Straße
Vogelweideplatz
Truderinger Straße
Bothestraße
Leuchtenbergring
Berg-am-Laim-Straße
Innsbrucker Ring
Ampfingstraße
Haidhausen

Vom Dorf zum In-Viertel

Ein winziges Nest am Hochufer der Isar gelegen – der Name verriet schon, dass es sich nur um ein paar »Häuser auf der Heide« handelte …

Der erste Hinweis auf den Ort Haidhausen findet sich im Jahr 808, als ein Kirchenmann namens Erlaperth dem Bischof von Freising ein Kirchlein samt Wohnhaus und Grundstück in »Heidhusir« schenkte. Für Jahrhunderte führte das Dorf einen Dornröschenschlaf, es taucht nur selten in Urkunden auf. So z. B. um 1080, als Gräfin Haziga von Scheyern ein Kloster in Bayrischzell gründet und diesem unter anderem einen Hof in »Heithusen« überschreibt. Das Dorf selbst bestand vom Mittelalter bis ins 19. Jahrhundert hinein im Wesentlichen fast durchgehend aus nur vier Bauernhöfen und zwei Sölden – eine Sölde ist ein Kleinbauernhof, dessen Betreiber, der sogenannte Häulser, sich in einem anderen Beruf noch etwas dazuverdienen musste.
Der Dornröschenschlaf fand jedoch mit der Gründung Münchens 1158 abrupt ein Ende. Denn der neue Handelsweg für das kostbare Salz führte fortan mitten durch Haidhausen. Die Straße nach Wien, heute die Einstein- und Innere Wiener Straße, wurde zur Lebensader. Alle Fuhrwerke mussten über die Isarbrücke am Gasteig, also mussten sie auch durch das Dorf im Osten. Schon um 1300 herum kamen täglich bis zu 80 Karren und mit ihnen zahllose Kaufleute, Fuhrknechte sowie Händler, die verpflegt und versorgt werden wollten. München wuchs stetig weiter und zog immer mehr Arbeitskräfte aus dem Umland an. Kaum jemand konnte es sich leisten, das teure Münchner Bürgerrecht zu erwerben und in die Stadt zu ziehen. Wer nicht in der stadtnahen Au unterkam, der suchte sich eine Bleibe in Haidhausen.

Lebte das Dorf einst hauptsächlich von der Landwirtschaft und den Durchreisenden, erschloss sich im 13. und 14. Jh. eine ganz neue Einnahmequelle. Nach mehreren verheerenden Bränden beschlossen die Münchner, ihre Häuser und die Stadtbefestigung aus Stein zu errichten. Da es keinen geeigneten Naturstein in der Gegend gab, musste man künstliche Steine fertigen – Ziegelsteine aus Lehm. Und Lehmvorkommen gab es in Haidhausen wie auch in den angrenzenden Gemeinden zur Genüge. Italienische Wanderarbeiter brachten die damals noch neue Technik des Ziegelbrennens nach Bayern. Ab 1443 kaufte die Stadt München den Haidhausern Stück für Stück ihre Lehmgründe und Ziegelstadel ab. War der Boden ausgebeutet, bekamen die Bauern das Land zur Bewirtschaftung zurück. Herzog Albrecht verpflichtete 1488 alle Bewohner der Umgebung Münchens zur Mitarbeit an den Befestigungsanlagen. Später kamen Gastarbeiter aus Italien, die in den Ziegeleien bis zu 16 Stunden am Tag schufteten. Darunter viele Kinder und Jugendliche. Ende des 19. Jh., als die Akkordarbeit einen Ziegelausstoß von täglich 20.000 Stück brachte, wurde in der Wörthschule sogar spezieller Unterricht für die italienischen Kinder angeboten.

Ist der Ruf erst ruiniert …

Politisch gehörte Haidhausen lange zum Landgericht Wolfratshausen, der zuständige Amtmann saß in Perlach. Ab 1585 bildete das Dorf einen Verband mit den Dörfern Ober- und Untergiesing, wobei das historische Untergiesing nicht identisch ist mit dem heutigen! Untergiesing war einst der Ort zwischen Obergiesing und Haidhausen, heute entspricht das der Gegend zwischen Alpenplatz und Nockherbergbiergarten. Es hieß Untergiesing, weil es am »unteren« Lauf der Isar lag. Heute versteht man unter Untergiesing den Teil, der unterhalb des Giesinger Bergs liegt. Bei einer Visitation von Au, Untergiesing und Haidhausen 1609 stellten die erschütterten Hofräte fest, dass »seit geraumer Zeit an diesen

Der Stich »Das Albertische Hauß und Lavellen in der Au nechst München« (oben) von Michael Wening zeigt im Hintergrund die hier vergrößerte Skyline von Haidhausen im Jahr 1701 von der Au aus gesehen. Das Haus des Bürgermeisters Albert selbst ging später im Lilienbergkloster (heute Haus des Deutschen Ostens) auf.

Trügerische Idylle: Das Leben in den einfachen Herbergen, wie hier In der Grube 34 (Foto von 1910), war hart und entbehrungsreich.

Orten ganz bedenkliche, dem Gemeinwesen schädliche Unordnung, sowie sträfliche Laster eingerissen und sich von Jahr zu Jahr mehr ausgebreitet hatten.« Kein Wunder, ließen sich doch die Armen, die Bettler, vagabundierende Landsknechte, Prostituierte und fahrendes Gesindel in den Dörfern rings um München nieder, weil sie sich das teure Münchner Bürgerrecht nicht leisten konnten. Drei Jahre später wurde das »Gericht ob der Au« eingerichtet, um die schlimmsten Auswüchse an Kriminalität einzudämmen. In Gruppen fielen die Bettler in München ein. Wurden sie von der Polizei aufgegriffen, so sollen unter drei Verhafteten mindestens zwei, wenn nicht gar alle drei aus Haidhausen gestammt haben. Welch üblen Ruf die Haidhauser genossen, zeigte sich auch beim großen Residenzbrand von 1674: Die Haidhauser kamen über die Isar, um den Münchnern beim Löschen des Großfeuers zu helfen – und die Münchner verschlossen eiligst die Tore. Lieber sollte alles abbren-

nen, als das Gesindel in die Stadt lassen! Den Bewohnern der Au ging es übrigens genauso. Und der schlechte Ruf hielt sich. Ein Bericht des Generalkommissariats des Isarkreises von 1815 nennt Haidhausen eine »Pflanzschule von Bettlern und Verbrechern«. Sicher eine sehr einseitige Beschreibung, denn die Gemeindeverwaltung schreibt in einem Bericht 1843, die Bewohner Haidhausens seien »von ihrer Lichtseite betrachtet religiöse, gutmütige und arbeitsame Leute, welche gehorsam den Gesetzen und treu ergeben ihrem König sind«. Wie sich die Haidhauser darstellen, wenn man sie nicht von der Lichtseite betrachtet, verschweigt der Chronist.

Der Adel entdeckt Haidhausen

Nach dem Dreißigjährigen Krieg interessierte sich der Münchner Adel zunehmend für das Dorf im Osten. Es wurde chic, sich Sommerresidenzen und Landsitze zu leisten. Franz Ponkratz von Leiblfing erbaute sich im 17. Jh. ein schmuckes Schlösschen mit Lustgarten ganz in der Nähe des heutigen Max-Weber-Platzes. Der Reichsgraf bekam 1692 sogar ganz Haidhausen als Hofmark zugesprochen. Damit konnte Leiblfing Steuern und Abgaben einziehen. Das Schloss und damit das ganze Dorf wechselten mehrfach den Besitzer. Ab 1812 wurde die Hofmark langsam aufgelöst. Die letzten Eigentümer, die Familie derer von Törring-Seefeld, verkauften das Schloss an den Bogenhausener Pfarrer Hallmayr, der es der Gemeinde Haidhausen überließ, die eine Schule darin einrichtete. Große Teile des Gartens erwarb ein Metzger. Auf dem »Metzgeranger« wurde später die neue Johanniskirche erbaut. Den Rest der Hofmark boten die Törrings zunächst der Stadt München zum Kauf an. Schließlich erwarb der bayrische Staat 1826 den Ort und machte aus Haidhausen eine Landgemeinde.

Eine andere Adelsfamilie, die in Haidhausen ihre Spuren hinterließ, waren die Preysings. Graf Johann Maximilian II. von Preysing-Hohenaschau baute sich ein gewaltiges Schloss mit opulentem Lustgarten nahe der alten Dorfkirche. Die Preysings ließen in Haidhausen prächtige Alleen anlegen, die heutige Preysingstraße ist der Rest davon. Im Schatten der adeligen Lustschlösser kamen auch andere reiche Münchner nach Haidhausen und bauten ihre Villen. Das Preysingschloss wurde übrigens 1840 den Schwestern des Ordens der Frauen zum Guten Hirten überlassen. Die Nonnen rissen das baufällige Schloss nieder und errichteten ihr Kloster, um sich um »gefallene Mädchen« zu kümmern. 1965 zog das Kloster nach Solln, auf dem Gelände des alten Preysingschlosses entstand das Katholische Zentrum mit Mädchengymnasium (Edith-Stein-Gymnasium), Internat und Katholischer Stiftungsfachhochschule.

Die Schweden kommen!

Die exponierte Lage an der Salzstraße kurz vor München brachte den Haidhausern aber auch einen gewaltigen Nachteil: Welcher Krieg auch immer tobte, Haidhausen hatte darunter zu leiden. Sei es, weil man hier die Zufahrtswege nach München so gut blockieren konnte, sei es, weil man die Häuser zur Unterbringung von Soldaten nutzen und die Scheunen und Ställe plündern konnte, oder weil man vom Gasteig aus eine prächtige Sicht auf die Stadt hatte und somit die Geschütze gut in Stellung bringen konnte. In grauer Vorzeit sollen schon Magyaren (Ungarn) über Haidhausen hergefallen sein. Als die Herzöge Ernst und Wilhelm von Bayern-München im Jahr 1403 einen blutigen Krieg gegen die Stadt München austrugen, brannten sie nebenbei aus reinem Frust auch Haidhausen nieder. Besonders schlimm traf es das Dorf im Dreißigjährigen Krieg. Die Schweden unter König Gustav Adolf rückten ausgerechnet vom Norden über Bogenhausen und Haidhausen auf den Gasteig zu. Dort bezogen sie Stellung. Am 15. Mai 1632 übergaben die Bürgermeister Ligsalz und Barth auf dem Gasteigberg die Stadt kampflos den Schweden unter der Bedingung, dass München nicht geplündert werde. Die Schweden hielten sich daran, plünderten

Panorama von der Haidhauser Kirche im Jahr 1857:

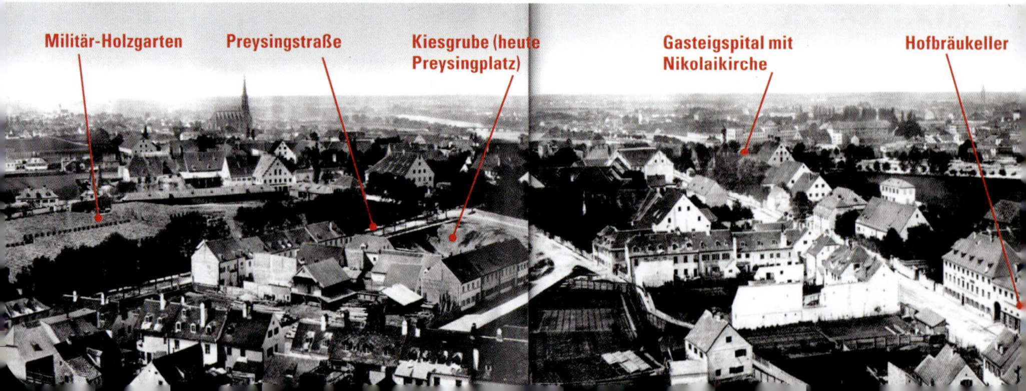

dafür das Umland, darunter auch Haidhausen. Danach kamen nur wenige Jahre später spanische Truppen und schließlich wieder die Schweden, diesmal im Verband mit den Franzosen. Die leisteten gründliche Arbeit, hielten sich nicht mit Plündern und Morden auf, sondern machten ganz Haidhausen bis auf das Leprosenhaus dem Erdboden gleich. Im 18. Jh. marodierten Österreicher und erneut Franzosen in Haidhausen.

Erbärmliches Leben in Herbergen

Wie in der Vorstadt Au sorgten auch in Haidhausen die vielen Lohnarbeiter, die in den Ziegeleien oder in München schufteten, dafür, dass zahlreiche einfache Herbergssiedlungen entstanden. Eine der größten, »In der

Blick vom Gasteig auf München auf einer Lithografie von Gustav Kraus (ca. 1830): im Vordergrund ist der Garten des Armenversorgungshauses, links das Brunnhaus am Isarberg mit dem Auer Tor, davon abgehend die 1825 erbaute steinerne Isarbrücke; im Mittelgrund sieht man die Häuser auf der Kalkinsel, wo heute Müllersches Volksbad und Muffathalle stehen.

Grube«, befand sich in einer aufgelassenen Kiesgrube entlang der heutigen Einsteinstraße. Schon 1628 zählte man hier 44 Herbergen. Haidhausen war zu Beginn des 19. Jahrhunderts kein homogener Ort. Einerseits noch ein Bauerndorf, andererseits eine proletarische Vorstadt. Chronist Anton Baumgartner nannte die Haidhauser 1822 eine Mischung von »Halbstädtern und Halb-

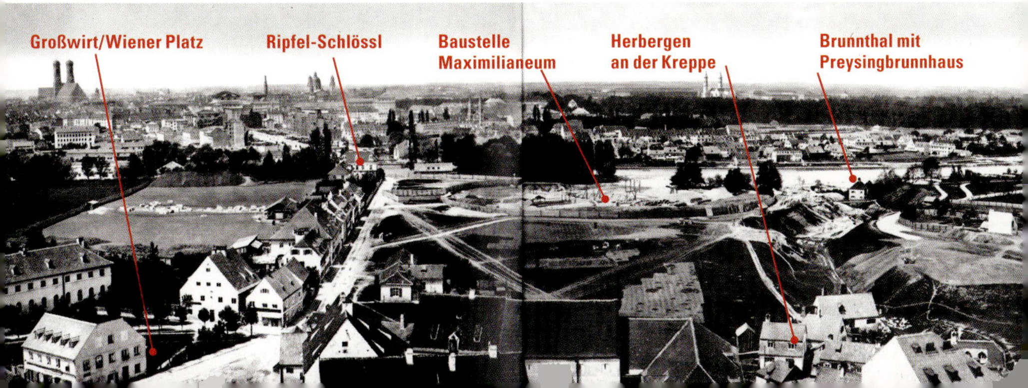

bauern«. In alten Protokollen wird feinsäuberlich zwischen dem »Dorf« und der »Schwaig« unterschieden, die »Schwaig« war der übergreifende Name für den Herbergsgürtel um Haidhausen.

Mit der Industrialisierung im 19. Jh. zogen immer mehr Arbeitswillige zu, die Wohnsituation in den Herbergen gestaltete sich zunehmend katastrophal. Familien drängten sich auf engstem Raum in erbärmlichen Behausungen mit teilweise undichten Dächern, mussten sich Plumpsklo und Pumpbrunnen teilen. Viele hungerten. Der ideale Nährboden für Seuchen wie die Cholera, die in den Elendsquartieren regelmäßig ihre Opfer forderte. Bettler und Gesindel trieben ihr Unwesen. Die Stadt München führte als Hauptargument für die Eingemeindung an, dass dann die Polizei besseren Zugriff auf zwielichtige Gestalten hätte.

Haidhausen zählte 6.107 Einwohner, als es 1854 den Titel »Vorstadt Haidhausen« bekam und gemeinsam mit der Au und Giesing von München eingemeindet wurde. Der Gasteig gehörte übrigens schon immer zur Stadt München, er zählte zur Isarvorstadt. Er grenzte am heutigen Wiener Platz an Haidhausen und wurde erst 1875 der neu eingemeindeten Vorstadt zugeschlagen.

Im Jahr 1900 lebten in der Vorstadt Haidhausen schon 46.000 Bewohner, die Wohnungsnot erreichte ihren Höhepunkt. Einer der Gründe: der 1871 eröffnete Ostbahnhof, der Haidhausen zum Verkehrsknotenpunkt und als Industriestandort interessant machte, sowie noch mehr Arbeiter ins Viertel schwemmte. Um wenigstens die hygienische Situation der Bewohner ein wenig zu erleichtern, eröffnete unmittelbar neben der Ludwigsbrücke 1901 das Müllersche Volksbad, eine »Badeanstalt für das unbemittelte Volk«, das heute als eines der schönsten Jugendstilbäder Europas gilt. Zeitgleich wurde bereits die Beseitigung der Herbergen gefordert, die Stadt München verbot deren Neubau, kaufte alte auf und riss sie ab. In der Nazizeit begann der Herbergenabriss im großen Stil. Die Bomben des Zweiten Weltkriegs taten ihr übriges. Die letzten Herbergen »In der Grube« mussten in den 1950er Jahren einem Erweiterungsbau des Krankenhauses rechts der Isar weichen. Einen kleinen Eindruck davon, wie es in Haidhausen einmal ausgesehen hat, vermitteln heute noch die restaurierten Herbergen an der Kreppe oder der Kriechbaumhof, der von den meisten irrtümlich für einen Bauernhof gehalten wird, an der Ecke Preysing-/Wolfgangstraße.

Großbauprojekte

Das Krankenhaus rechts der Isar nahm seinen Anfang übrigens in einem Kaffeehaus. Weil die Haidhauser 1834 dringend eine eigene »Armen- und Krankenanstalt« einrichten mussten, pachtete man das Kaffeehaus der Witwe Anna Kurz in der Ismaninger Straße und richtete darin ein bescheidenes Spital mit 36 Betten, einem Waschbecken und zwei Toiletten ein. Das Krankenhaus fand schnell regen Zulauf auch aus den Nachbargemeinden. Angrenzende Äcker wurden aufgekauft und der Klinikkomplex Stück für Stück erweitert, zuletzt auch auf dem Gebiet der Herbergshäuser in der Grube. Heute gehört das Krankenhaus rechts der Isar mit seinen 30 Einzelkliniken und zahlreichen Instituten zur Technischen Universität München.

Die exponierte Lage nahe dem Klinikum auf dem Isarhochufer wählte König Maximilian II., um einen würdigen städtebaulichen Abschluss für seine neu angelegte Maximilianstraße zu haben. Er ließ 1857 das Maximilianeum am Steilhang errichten. Was heute alle als Sitz des bayrischen Landtags kennen, ist eigentlich eine Studienstiftung für Hochbegabte. Der Landtag ist seit 1949 nur Untermieter. Das Maximilianeum diente im Zweiten Weltkrieg zur Unterbringung von Armeeeinheiten. Heute beherbergt es wieder, wie vom Stifter vorgesehen, Uni-Stipendiaten.

Bier und der Mann aus Österreich

Haidhausen wuchs auch schnell zu einem Bierzentrum innerhalb der Biermetropole München heran. Da man in vorindustrieller Zeit Bier nur in Kellern kühl halten konnte, bot sich das Isarhochufer am Gasteig und am Rosenheimer Berg bis hinauf nach Lüften an. Bald war der Rosenheimer Berg von Bierkellern geradezu durchlöchert. 1850 existierten zwischen Rosenheimer-, Preysing-, Keller- und Wiener Straße über 50 Bierkeller, geradezu eine Partymeile des 19. Jh. Heute ist noch der Hofbräukeller am Wiener Platz erhalten. Der Hofbräukeller wurde 1919 zum Schauplatz eines furchtbaren historischen Ereignisses: Adolf Hitler hielt hier seine erste parteipolitische Rede. Das Hetzblatt »Völkischer Beobachter« nahm ebenfalls seinen Anfang in Haidhausen: Es war ursprünglich die Stadtteilzeitung »Münchner Beobachter«. Hitler nutzte fortan die Haidhauser Bierkeller für seine demagogischen Auftritte. Vom Bürgerbräu am Rosenheimer Platz aus begann am 8. No-

Paris? Nein, das Franzosenviertel in München. Otto Pippel malte diesen *Boulevard in Haidhausen* (vermutlich ist es die Rosenheimer Straße) in den 1920ern.

vember 1923 der Hitlerputsch, von hier zog einen Tag später der Stoßtrupp Richtung Innenstadt. Eine der später regelmäßig stattfindenden Veranstaltungen der »Alten Kämpfer« im Bürgerbräukeller versuchte im November 1938 der Maxvorstädter Schreiner Georg Elser zu nutzen, um den braunen Spuk zu beenden. Doch seine Bombe explodiert zu spät. Hitler hatte bereits den Saal verlassen.

Haidhausen heute

Nach dem Krieg machten die Amerikaner den Haidhauser Bäckermeister Karl Scharnagel zum ersten Münchner Oberbürgermeister der Nachkriegszeit. Scharnagel hatte dieses Amt bereits vor der Nazizeit inne. Das im Krieg nur mäßig zerbombte Haidhausen wurde 1976 zum Sanierungsgebiet erklärt, die alten Mietskasernen im Franzosenviertel renoviert. Aus »Klein-Istanbul« oder »Neapel-Nord«, wie Haidhausen noch in den 1970ern bei den Münchnern hieß, wurde ein heiß begehrtes Wohnviertel mit einem hohen Anteil an sanierten Altbauten. Auf ehemaligen Industrieanlagen, wie dem Postgelände zwischen Orleans-, Kirchen- und Spicherenstraße, das zuvor von der Farbenfabrik Michael Huber genutzt wurde, entstanden neue Wohngebiete. Lebendiges Zentrum Haidhausens ist heute der 1889 errichtete Markt am Wiener Platz, der kleinste der vier Münchner Freiluft-Lebensmittelmärkte.

1 Gasteig/Auf der Lüften

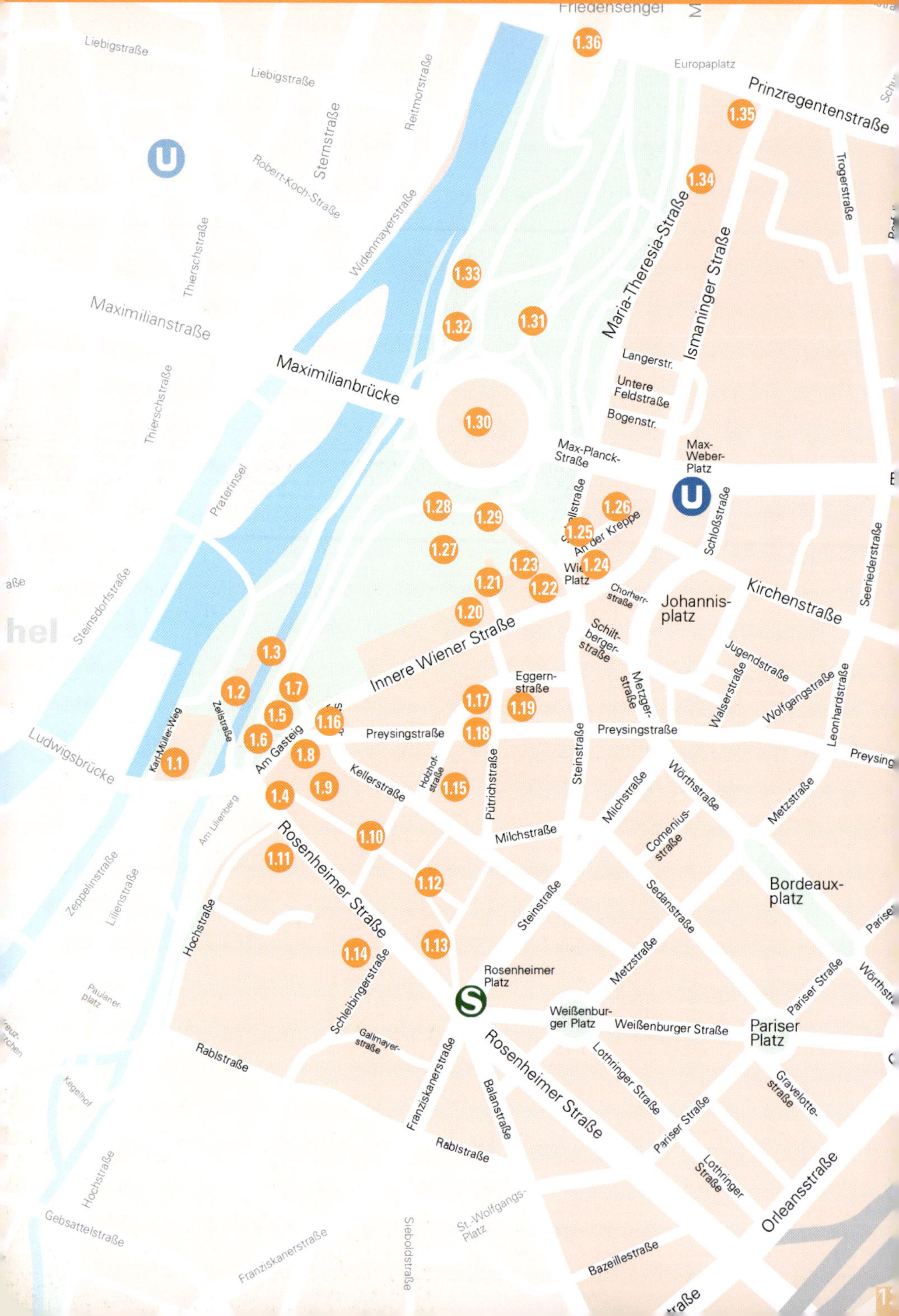

1.1 Müllersches Volksbad

Er hatte es gut gemeint: Der Ingenieur Karl von Müller vermachte 1894 der Stadt München fünf Häuser unter der Auflage, den Erlös zum Bau einer »Badeanstalt für das unbemittelte Volk« zu verwenden, denn damals hatten die meisten Privatwohnungen keine Bäder. Stolze 1,8 Millionen Goldmark verschlang das Projekt. Architekt Carl Hocheder wagte etwas völlig Neues, inspiriert von römischen Thermen und orientalischen Hammams schuf er in vier Jahren Bauzeit einen geradezu barocküberbordenden Jugendstilbau, der bei seiner Eröffnung am 9. Mai 1901 das größte und teuerste Schwimmbad der Welt war. Gleichzeitig war es das erste öffentliche Hallenbad Münchens. Aufwändige Wandmalereien, eine Bronzestatue im Hauptbecken, üppige Verzierungen aus Eisen und Holz machen das Müllersche Volksbad auch heute noch zu einem der sehenswertesten Schwimmbäder der Welt. Damit Sitte und Anstand gewahrt blieben, diente das große Becken mit seinem beeindruckenden Tonnengewölbe ursprünglich als »Herrenbecken«, während das kleinere noch bis 1989 für Damen reserviert war. Umkleidekabinen aus Holz rund um die Becken bieten einen direkten Zugang zu diesen. Von Anfang an bis heute gibt es auch ein römisch-irisches Dampfbad. Nicht mehr vorhanden ist ein Hundebad, das sich bis 1978 im Untergeschoss befand. Auch die ursprünglich 86 Wannen- und 22 Brausebäder gibt es längst nicht mehr. Nur ein altes Wannenbad blieb aus musealen Gründen erhalten und ein paar neue, moderne Wannenbäder stehen im Untergeschoss. Nicht mehr im Einsatz, aber noch vorhanden, sind die drei Abluftöffnungen in der Decke, durch die einst bei heißem Wetter kaltes Wasser zur Abkühlung ins Bad gesprüht wurde. Im markanten Turm befindet sich Reservewasser. Wegen der üppigen Ausstattung und der immensen Baukosten verfehlte das Müllersche Volksbad sein eigentliches Ziel, denn die Armen konnten sich den Eintritt in den Badetempel nicht leisten. Die Zeitung »Ratsch-Kathl« lästerte am 20. April 1901: »Was wir schon lange prophezeit, das ist jetzt gekommen, das Volksbad wird Badepreise haben, wie sie im vollen Widerspruche stehen mit den Mitteln derer, für die es errichtet werden sollte und den Intentionen des Stifters. (...) So musste es kommen, ganz recht so, das klärt das Volk am Besten auf, wie man es misshandelt.« Trotzdem wurde das Volksbad ein Erfolg. Zwischen 1971 und 1999 ließen die Münchner Stadtwerke das Bad umfangreich sanieren.

1 Der Gasteig und auf der Lüften

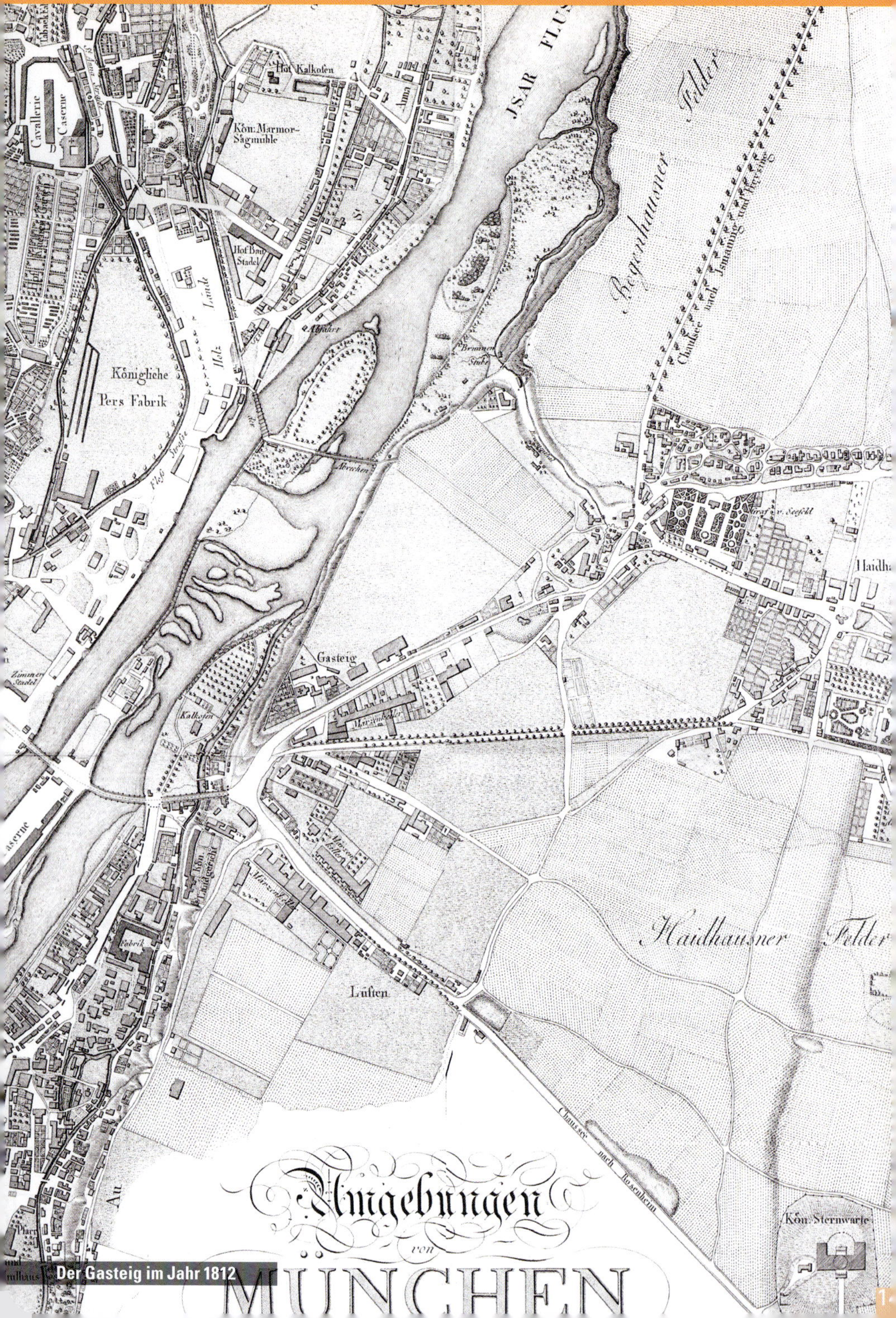

Der Gasteig im Jahr 1812

1.2 Muffatwerk

Die Wasserversorgung stellte für München lange ein Problem dar. Dass man das Wasser der Isar und ihrer Nebenarme, der sogenannten Stadtbäche, nicht als Trinkwasser nutzen konnte, war früh bekannt. Man musste also Brunnen graben. Doch die reichten bald nicht mehr zur Versorgung der stetig wachsenden Bevölkerung. Gab es nicht am Gasteigberg Quellen, die einfach aus dem Hang sprudelten? Direkt unterhalb der Stelle, an der die Innere Wiener Straße von der Rosenheimer Straße abzweigte? Hier an der Gabelung stand einst das Auer Tor, eine Zollstation, die in den 1860er Jahren abgerissen wurde. Unterhalb von Tor und Gabelung erbaute man im Jahr 1511 Münchens erstes Brunnhaus, das »Wasserhaus am Isarberg«. In dem Haus wurde das Wasser durch Pumpen über Bleirohre angesaugt. Das Quellwasser diente gleichzeitig dazu, diese Pumpen anzutreiben. Das bedeutete aber auch, dass eine Menge Wasser verloren ging. Die Pumpen drückten das Quellwasser in das kupferne Reservoir im obersten Stock des Wasserturms. Mit zwei Röhren aus Föhrenholz, den sogenannten Deicheln, wurde das Wasser nun über die Isarbrücke in die Stadt geleitet. Diese Hauptleitungen zahlte die Stadt, die Anschlüsse für die Häuser oder Gärten hatten die Eigentümer zu tragen.

Im 19. Jahrhundert zeigte sich, dass das Isarberghaus den modernen Anforderungen nicht mehr gewachsen war. Stadtbaurat Franz Karl Muffat plante und baute ein neues Wasserwerk am Fuß des Isarhochufers auf einer Insel zwischen Auer Mühlbach und Isar. Diese Insel hieß damals Kalkofeninsel, weil hier einst ein Kalkofen gestanden hatte. Das 1837 eröffnete neue Brunnhaus verfügte über zwei Wasserräder, die vom Auer Mühlbach angetrieben wurden. Das alte Isarberghaus wurde als Wohnung vermietet und 1859 im Zuge einer Brückenverbreiterung ganz abgebrochen.

Das Muffatwerk bekam bald ein gewaltiges Qualitätsproblem. 1859 zeigten Untersuchungen, dass das Wasser völlig verunreinigt war. Hygieneprofessor Pettenkofer sah die Verbindung zwischen den Choleraepidemien, die München regelmäßig heimsuchten, dem krankmachenden Grundwasser und den Sickergruben in Haidhausen. Er forderte sofortige Abhilfe. Doch die dauerte. Erst einmal

wurde das Muffatwerk mit einer Dampfmaschine ausgestattet, um das verseuchte Wasser noch besser verteilen zu können. Erst nachdem 1883 die Leitung von bestem Quellwasser aus dem Mangfalltal nach München stand, wurde das Brunnhaus stillgelegt. Den Wasserturm riss man ab, auf seinen Fundamenten steht heute der denkmalgeschützte Jugendstil-Schornstein. Das Muffatwerk wurde zum Elektrizitätswerk umgerüstet, mehrfach erweitert und erst 1973 stillgelegt.

Ab 1992 begann der Umbau zur kulturellen Nutzung. Die 644 m^2 große Muffathalle eröffnete 1993 für Konzerte, Theater und Lesungen. 2002 kam der Biergarten dazu, der wegen der anwohnerfreien Lage bis ein Uhr nachts geöffnet hat. Drei Jahre später eröffnete der Club Ampere (343 m^2) als Club- und Partylocation. Direkt neben dem Muffatwerk steht die ehemalige Direktorenvilla, entworfen von Carl Hocheder. Vom Werk führt der 1898 erbaute Kabelsteg auf die Praterinsel, der seinen Namen der Tatsache verdankt, dass in ihm einst die Elektrokabel zur Versorgung der Stadt verliefen.

1.3 Auer Mühlbach

Ein kleines Gastspiel gibt der Auer Mühlbach in Haidhausen. Der Bach ist insgesamt rund 7 km lang, er wird vom Werkkanal bei der Marienklause im Süden Münchens aus der Isar ausgeleitet. Er diente in vorindustrieller Zeit als Energielieferant für verschiedene

Mühlen, Sägewerke und Schleifereien. Der Bach mündete ursprünglich unterhalb des Gasteigs wieder in die Isar. Im Jahr 1893 jedoch hat man ihn kanalisiert und verlängert. Nun fließt er unter dem Maximilianswerk hindurch und mündet zwischen Maximilians- und Luitpoldbrücke auf Höhe der Nordspitze der Praterinsel in die Isar.

1.4 Münchens erster Brillenmacher

Vom Sohn eines armen Fischers zum Kammerdiener und dann zum ersten Optikus in der Landeshauptstadt – so kann man die Karriere von Johann Paul Hirn (1718–1797) zusammenfassen. Er stammte aus ärmlichsten Verhältnissen und wurde Kammerdiener des Grafen Franz von Lamberg zu Maxlrain, Wattersdorf und Amerang. Der Graf frönte einem ungewöhnlichen Hobby: Er widmete sich der Glasschleiferei und Drechselei, reiste durch halb Europa, um die Geheimnisse der Brillenmacherei zu lernen. Zu Hause richtete er sich eine bestens ausgerüstete Werkstatt ein. Er schien zudem einen Narren an seinem Kammerdiener gefressen zu haben, denn er unterrichtete ihn in der Kunst des Glasschleifens. Schließlich vermachte der Graf dem jungen Johann Hirn sogar die komplette Werkstatt. Hirn zog erst nach Tuntenhausen, dann kam er 1776 nach München und erwarb das sogenannte Praeceptorhaus (Präzeptor = Lehrer) neben dem Kreuzlgießergarten auf der Lüften – später Rosenheimer Straße 5 (Foto oben). Er wurde der erste »Brillen- und Perspektivmacher« Münchens und verkaufte seine Produkte beim ehemaligen Franziskanerkloster am Max-Joseph-Platz. Kurfürst Karl Theodor zahlte Hirn eine Pension, damit der kinderlose Optiker den 14-jährigen Franz Xaver Buchner, einen entfernten Verwandten, als Nachfolger ausbilden konnte. Buchner übernahm 1801 das Geschäft und verlegte es an den Frauenplatz, wo es bis 1983 als Familienbetrieb existierte und heute noch eine Gedenktafel an den Brillenpionier Hirn erinnert.

Gedenktafel am Optikergeschäft am Frauenplatz

Das Leprosenhaus kurz vor seinem Abriss 1863 (kolorierte Zeichnung von Carl August Lebschée)

1.5 Leprosenspital

Wohin nur mit den Leprosen und Aussätzigen? Am besten weit raus aus der Stadt, auf die andere Isarseite! Der Gasteig bot sich an. Der steile Berg, den die Salzfuhrwerke auf ihrem Weg von und nach München nehmen mussten, gehörte seit der Gründung Münchens zum Burgfrieden, also zu dem Stadtbereich, der außerhalb der Mauern lag. Denn eine mittelalterliche Stadt endete nie an ihren Mauern. München konnte es sich natürlich nicht leisten, den Brückenkopf auf der anderen Isarseite einer anderen Gemeinde zu überlassen, am Ende noch den verhassten Auern. Im Burgfriedensbrief, der am 24. Oktober 1460 die genauen Grenzen der Stadt München festlegte, wird auch der Gasteig erwähnt: »Es soll auch das Siechhaus auf dem Gastay enhalb der Yserpruckh vnnd auch dieselb Yserpruckh auch In vnnserer Statt München Burckfrid ligen. Doch so behalten wir vnns den wasserstromb der Yser, das vnns der mit Herrlichkeit soll beleiben vnnd zustehen.« Bis hinauf zur Lüften reichte das Stadtgebiet, das man einst zum Äußeren Angerviertel zählte. Ab 1833 gehörte der Gasteig rechts der Rosenheimer Straße zur Isarvorstadt, links zur St. Anna-Vorstadt (= Lehel).

Vermutlich schon um 1204 richtete die Stadt mit denkbar wenig finanziellen Mitteln das Leprosenhaus samt der Kapelle St. Nicolaus »ad leprosos«, dem heutigen Gasteigkircherl, ein. Die Lepra war von Kreuzfahrern und Pilgern aus dem Heiligen Land eingeschleppt worden und hatte sich zur Seuche entwickelt. Man sonderte die Kranken auch räumlich großzügig von den Gesunden ab, daher hießen diese Häuser auch »Sonder-« oder »Sundersiechenhaus«. Neben dem Leprosenhaus am Gasteig gab es ab 1386 ein weiteres im Dorf Schwabing.

Die Kranken mussten schwarze Mäntel mit breiten weißen Krägen und einen spitzen Hut tragen, damit man sie sofort erkennen konnte. Wenn sie ausnahmsweise eine Genehmigung bekamen, in die Stadt zu gehen, mussten sie ihr Kommen mit einer Klapper ankündigen. Ihren Unterhalt mussten sie sich selbst zusammenbetteln oder auf großzügige Spenden hoffen. Bischof Konrad von Freising statte das Spital 1253 mit Land aus, 1361 überließ Bischof Ludwig von Freising dem Leprosenhaus dann den Haidhauser Kot-

Geißel Lepra: Die Kranken mussten sich mit Klappern oder Glocken ((li. niederländische Darstellung aus dem 16. Jh., re. Bild aus Dänemark) bemerkbar machen.

terhof als Einnahmequelle. Aber auch die Herrschenden zeigten sich großzügig. So befreite Herzog Ludwig, der spätere Kaiser Ludwig der Bayer, die Sondersiechen für alle Zeit von allen Abgaben und entzog das Spital dem Zugriff seiner Amtsleute, indem er es der Gerichtsbarkeit der Stadt München zuschlug. Das Spital war von da an in städtischer Hand, bis auf ein kurzes Intermezzo von 1808 bis 1819, als es unter königlicher Verwaltung stand. Danach kam es wieder zur Stadt.

Alle Herzöge nach Ludwig dem Bayern statteten das Leprosenhaus mit Privilegien aus, Kurfürst Ferdinand Maria spendete 1667 gar einen kompletten Neubau. Münchner Bürger wollten dem nicht nachstehen und spendeten, stifteten oder vererbten. Das Leprosenhaus besaß nicht nur den Kotterhof in Haidhausen, sondern Höfe in Zamdorf, Perlach, Kirch- und Straßtrudering, Gronsdorf, Oberhaching, Puchheim und Ottersberg. Die Einrichtung hatte also eine finanziell sichere Basis, erwirtschaftete schließlich sogar Überschüsse und konnte das Geld in Grundstücke und Güter im Umland investieren, deren Erträge wieder dem Haus zugute kamen. Im Spital fanden hauptsächlich Münchner Aufnahme, für sie war der Aufenthalt kostenfrei bei voller Verpflegung. Fremde mussten für die Unterbringung zahlen. Zwei Ratsmitglieder der Stadt, die sogenannten Hochherren, verwalteten das Spital und setzten die Hausmeister ein. Die Anlage bestand aus dem Kirchlein, einem Haus für den Verwalter, einem Pfarrhaus, in dem auch der Gärtner wohnte, und dem eigentlichen Leprosenhaus, alles hinter hohen Mauern. Südlich der Kirche befand sich der Friedhof, der 1792 bis zur Inneren Wiener Straße hin verbreitert wurde. Er wurde bereits vor dem Abbruch des Spitals aufgelassen. Im Gebäude selbst fanden rund 40 Kranke Platz, im Erdgeschoss die Männer, im Obergeschoss die Frauen. In extremen Zeiten mussten sich aber bis zu 90 Kranke die Räume teilen.

Im 18. Jahrhundert verschwand die Lepra immer mehr aus Mitteleuropa, das Spital öffnete sich nun auch für »Fistulose, Beinkrebsige, Erbgrindige, Scorbutische und Venerische«, die man der Einfachheit halber weiterhin als Leprose bezeichnete. Später kamen Kranke, die an Krätze litten, hinzu. Bis zum Jahr 1819 unterschied man auch nicht zwischen Heilbaren und Unheilbaren, dann wurde das Schwabinger Leprosenhaus geschlossen und alle Kranken, die »nur« an Hautkrankheiten litten, kamen ins neue städtische Krankenhaus am Sendlinger Tor. Auf den Gasteig wurden alle hoffnungslosen Fälle verlegt, weshalb es fortan »Spital der Unheilbaren« genannt wurde. Ab 1859 übernahmen die Barmherzigen Schwestern die Versorgung der Kranken. Vier Jahre später kam das Aus für die Anstalt. König Max II. kaufte von der Stadt das Grundstück, mit Ausnahme der Nikolai-Kirche, und ließ alles zwischen 1861 und 1863 abreißen, um den Park der Gasteiganlagen gestalten zu können. Die Kranken verlegte man in die ehemalige Irrenanstalt Giesing am Kolumbusplatz. 1877 zogen die Spitalinsassen dann in einen Neubau auf das Gelände des neuen Krankenhauses rechts der Isar. Das Nikolaispital ging 1941 endgültig im Klinikum auf.

1.6 Die Kreuzgruppe

Die Münchner staunten nicht schlecht, als sie den seltsam gekleideten Mann sahen, der sich am 21. Juli 1721 zu Füßen der Golgatha-Gruppe am Gasteig niederwarf und betete. Den Schaulustigen erklärte der Mann, er sei der ewige Jude Ahasver und die Stadt München habe ihm den Einlass verwehrt. Er habe schon siebenmal die ganze Erde umwandert, doch das hier habe er nur einmal bisher gesehen: Ja, so sagte der Mann, das Kreuz hier auf dem Gasteig sei die einzig wahre originalgetreue Nachbildung des Kreuzes von Golgatha. Das Volk staunte. Dann sagte der Mann, dass die rechte Hand der Nachkommen jener Juden, die den Herrn geohrfeigt hätten, nun doppelt so lang sei wie die linke, und die Nachkommen der Juden, die den Herrn angespieen hätten, müssten sich nun dauernd selbst anspucken. Diese Begebenheit von der Gasteiger Kreuzgruppe und dem ewigen Juden hat Chronist Lorenz von Westenrieder überliefert. Ein äußerst publikumswirksamer Auftritt von Herrn Ahasver, der viele Menschen zusammentrieb, denen Herr Ahasver dann seine Ware, Schmuck und Perlen, unterjubeln konnte. Die Kalvarienberggruppe wurde 1630 von dem Hofkammerpräsidenten Oßwald Schys von Peillenstein zwischen Leprosenhaus und

Wasserturm errichtet. Sie bestand ursprünglich aus drei Kruzifixen; was aus ihnen wurde, ist nicht bekannt. Das Ensemble von Holzkruzifix mit einem Christus aus Blei und den steinernen Statuen von Maria und Johannes schuf der Hofbildhauer Gabriel Luidl im Jahr 1721. Die Kreuzigungsgruppe stand zuletzt unterhalb des Gasteigspitals. Bomben des Zweiten Weltkriegs verbrannten das Holzkreuz. Der erhalten gebliebene Bleikorpus wurde bei einer Haidhauser Baufirma eingelagert, doch als auch hier Bomben fielen, zerschmolz er. Lange standen nur die Steinfiguren von Maria und Johannes am Gasteig. Im Jahr 1959 schuf Professor Hans Panzer ein Eichenkreuz mit einem bronzenen Korpus als Ergänzung des Ensembles. Für den Bau des Kulturzentrums wurde die Gruppe abgetragen und gegenüber an ihrem heutigen Platz wieder aufgestellt.

1.7 St. Nikolai und Altöttinger Kapelle

Eng verbunden mit dem Leprosenspital am Gasteigberg ist die Geschichte von St. Nikolai . Das Kirchlein wurde gemeinsam mit dem Haus für die Aussätzigen erbaut, vermutlich bereits 1204. Doch die erste urkundliche Erwähnung dauerte bis 1315, als St. Nikolai im Konradinischen Matrikel als eine der Filialkirchen von Bogenhausen genannt wird. Ursprünglich besaß die Kirche drei Altäre, der Hochaltar war dem heiligen Nikolaus von Myra geweiht, die Seitenaltäre der heiligen Familie und der heiligen Katharina. Auch ein Friedhof gehörte dazu. Am 30. April 1860 kaufte König Max II. das Leprosenspital mit Ausnahme der Kirche auf, um die Gasteiganlagen gestalten zu lassen. Danach fand hier zunächst kein Gottesdienst mehr statt. Von 1871 bis 1882 überließ die Stadt die Gasteigkirche den Altkatholiken. 1908 schließlich sollte St. Nikolai eigentlich abgerissen werden, doch stattdessen fanden sich genug Spender, um die baufällige Kirche zu renovieren. Die schweren Schäden des Zweiten Weltkriegs konnten erst 1950 beseitigt werden. Neun Jahre später bekam St. Nikolai einen Renaissance-Altar aus Garmisch, die beiden alten Seitenaltäre wurden entfernt.

An die Kirche hinten rechts angebaut ist die Altöttinger Kapelle. Der Kirchenprobst des Leprosenspitals, Verwalter Schauermayr, hatte sie 1678 aus eigenen Mitteln errichten lassen. Sie enthielt eine Kopie des Gnadenbildes von Altötting und war zunächst nicht geweiht. Als im Jahr 1820 die Pfarrgemeinde St. Johann Baptist gegründet wurde, riss man die Kapelle einfach ab und baute sie ohne Genehmigung größer wieder auf. Erzbi-

Kreuzweg-Majolika von Valentin Kraus

schof Gregorius von Scherr weihte den Schwarzbau am 13. Mai 1869. Wegen massiver Feuchtigkeitsschäden ließ die Stadt 1913 die Kapelle schließen. Bei umfangreichen Sanierungsarbeiten im Jahr 1926, es ging vor allem um die Trockenlegung des Mauerwerks, wurde die Kapelle nach Vorbild der Gnadenkapelle in Altötting umgestaltet. Es entstand ein Umgang mit 14 Kreuzwegstationen aus Majolika, geschaffen von Valentin Kraus. Wie beliebt die Lorettokapelle war, zeigt sich daran, dass sie im Sommer 1933 für vier Monate geschlossen werden musste – die zahllosen brennenden Kerzen hatten einfach zu viel Rauch und Ruß verursacht. Bis zu 200 täglich sollen es gewesen sein. Man musste einen Kamin als Abzug anbauen. Im April 1944 zerstörten Fliegerbomben die Kapelle, sie brannte komplett aus. Im Dezember 1955 fanden die Wiederherstellungsarbeiten ihren Abschluss, Weihbischof Johannes Neuhäusler konsekrierte den Altar.

1.8 Armenversorgungshaus und Altenheim

Der Geheime Rat Peter von Osterwald hatte eine Vision: Er wollte auf dem Gasteigberg bei der Lüften ein astronomisches Observatorium einrichten. Er hatte bereits 1763 im Lehel die erste öffentliche Sternwarte Münchens erbaut. Die Akademie der Wissenschaften gab dazu grünes Licht und Kurfürst Max III. Joseph genehmigte 10.000 Gulden aus Kirchengeldern zur Finanzierung. Osterwald kaufte vom Leprosenspital einen Acker auf dem Gasteig, wo er sein Observatorium mit zwei Nebengebäuden und einem schmucken Garten baute. Anschließend wollte er die Anlage gewinnbringend an die Akademie der Wissenschaften verkaufen, doch die hatte kein Geld. Osterwald blieb auf der Sternwarte sitzen. Als er 1778 starb, erbten zunächst seine Witwe, dann 1788 deren Neffen Peter Paul und Franz Joseph von Schneeweiß. Die Anlage bekam daraufhin den Namen »Schneeweißenburg-Schlössl« oder auch »Schwanenburg«, nach einem nahegelegenen Gasthaus »Zum Schwanen«. Am 14. April 1795 schließlich kaufte das Armeninstitut für 12.000 Gulden das ehemalige Observatorium und ließ es umbauen. Der Platz reichte bei der Eröffnung ein Jahr später zunächst nur für sechs Frauen und sechs Männer – viel zu wenig für eine Großstadt mit unzähligen Hilfsbedürftigen. 1803 baute man zwei Seitenflügel an. Doch auch das reichte nicht lange. 1821 wurde das benachbarte, Pleite gegangene Müllersche Schiffwirtshaus erworben und umgebaut, damit man weitere 40 Pfründner unterbringen konnte. 1861 war dann Schluss mit ständig neuen Um- und Anbauten. Der Magistrat ließ alles abreißen und für 280.000 Mark einen zweckmäßigen Neubau errichten. In dem »Gasteigspital« kamen nun 350 Pfründner unter. Ende der 1920er Jahre wurde die Anstalt umbenannt in »Altenheim am Gasteig«. Das Altenheim sollte eigentlich schon während der Nazizeit für die ehrgeizigen Pläne der »Neuen Südstadt« abgerissen und die Alten ins neue Altenheim Schwabing verlegt werden, doch der Zweite Weltkrieg verhinderte die Pläne. Erst 1974 fiel das Altenheim der Abrissbirne zum Opfer, um Platz für das Kulturzentrum zu schaffen.

Das Armenversorgungshaus (o. im Jahr 1861) musste dem »Altersheim am Gasteig« (u.) weichen.

1.9 Kulturzentrum

Vom Altenheim zum Kulturzentrum : 1974 wurde das Altenheim am Gasteig abgerissen, um Platz für das neue städtische Kulturzentrum zu schaffen. Die Planungen für das Kulturzentrum begannen 1969. Die Münchner Philharmoniker, die Stadtbibliothek, die Volkshochschule und das Richard-Strauss-Konservatorium sollten in einem Bau untergebracht werden. Die Bauplatzwahl fiel auf das 23.000 m^2 große Areal am Gasteigberg. Den Architekturwettbewerb gewann die Architektengemeinschaft Raue, Rollhagen und Lindemann, Oberbürgermeister Georg Kronawitter setzte 1978 den ersten Spatenstich. Das Kulturzentrum geriet nicht nur wegen der ständig steigenden Baukosten in die Kritik – sie stiegen von 100 Mio. auf 372 Mio. D-Mark –, fast ganz München schüttelte den Kopf über den mangelnden Mut zu moderner, wegweisender Architektur bei so einem wichtigen Projekt. Viele bespötteln bis heute den wenig einladenden, wuchtigen roten Klinkerbau als »Kulturvollzugsanstalt«. Die Ziegelarchitektur war bewusst gewählt worden, um an die lange Tradition der Ziegelbrennereien in Haidhausen zu erinnern.

Mit einem Festkonzert der Münchner Philharmoniker unter Dirigent Sergiu Celibidache wurde der Gasteig am 10. November 1985 eröffnet – und gleich die größte Schwäche deutlich: die mäßige Akustik. Während dieses Buch entsteht, wird weiterhin über den Neubau eines Konzertsaals diskutiert. Inzwischen hat die Bevölkerung das Kulturzentrum trotz seiner Optik so gut angenommen, dass es mit rund 750.000 Besuchern im Jahr zu Deutschlands bestbesuchten Kulturbetrieben zählt. Jährlich finden hier die Münchner Bücherschau, der ARD-Musikwettbewerb und das Filmfest München statt.

Im Gasteig sind nun diese Institutionen zu Hause: Münchner Philharmoniker, Münchner Volkshochschule, Münchner Stadtbibliothek; da das Richard-Strauss-Konservatorium in die Hochschule für Musik und Theater integriert wurde, übernahm die Hochschule die Räumlichkeiten des Konservatoriums im Gasteig.

Im Gasteig befinden sich folgende Veranstaltungs- und Konzertsäle: Philharmonie (2387 Sitzplätze) mit Klais-Orgel; Carl-Orff-Saal (528–598 Sitzplätze); Black Box (120–225 Sitzplätze, 20 Stehplätze); Kleiner Konzertsaal (191 Sitzplätze); Vortragssaal der Bibliothek (132 Sitzplätze); sowie Mehrzweckraum und Vortragssäle (90 Sitzplätze) der Münchner Volkshochschule.

An der Ecke Rosenheimer Straße stand einst der Salzburger Hof.

1.10 Erich-Schulze-Brunnen

Zwischen dem Gasteig Kulturzentrum und dem GEMA-Gebäude steht der *Erich-Schulze-Brunnen*, den der Münchner Künstler Albert Hien entworfen hat. 7,5 m ragt eine Messingtuba in die Höhe, aus ihrem Schalltrichter sprudelt Wasser. Das Wasser läuft durch die Windungen des Instruments und ergießt sich dann aus dem Mundstück in ein steinernes Becken mit der Form eines Konzertflügels.

Korrespondierend mit der Tuba steht rund 70 m weiter östlich ein Brunnen in Gestalt einer riesigen Bronze-Hupe mit vergoldetem Handbalg. Ursprünglich sollten beide Brunnen durch einen Wasserlauf verbunden werden, der aber nie fertiggestellt wurde. Der Brunnen ist nach Erich Schulze benannt, der von der Gründung der GEMA 1974 bis 1989 ihr Vorstand und Generaldirektor war. Die Brunnenanlage wurde 1990 gemeinsam mit dem neuen Verwaltungsbau eingeweiht.

1.11 Münchener-Kindl-Keller

Der Name war clever gewählt, doch aus diesem Münchener Kindl sollte kein gstandenes Mannsbild werden. 1880 kaufte ein Finanzkonsortium einen Bierkeller an der Ecke Hoch-/Rosenheimer Straße, der seit 1863 dem Singspielerbräu gehörte. Mehrere angrenzende Grundstücke kamen hinzu und schließlich begann die neue Aktienbrauerei, die sich Münchener-Kindl-Bräu nannte, eine Gaststätte zu bauen, wie man sie in München noch nicht gesehen hatte. Der Münchener-Kindl-Keller kleckerte nicht, er klotzte: Im größten Saalbau Deutschlands (stolze 1.600 m^2) fanden 5.000 Besucher Platz, weitere

Tag und Nacht eine Attraktion: der Münchener Kindl Keller

5.000 fasste der Biergarten und noch einmal 500 Gäste kamen im »Bräustüberl« unter. Das Hauptgebäude verfügte über einen 25 m hohen, von Türmchen flankierten Giebel. Der Entwurf stammte von Stararchitekt Friedrich von Thiersch. Doch allen Investitionen zum Trotz erwies sich die Brauerei als Flop. Die erwarteten Gästemassen blieben aus. Die Unionsbrauerei, etwa zeitgleich mit der Münchener-Kindl-Brauerei gegründet, schluckte 1905 den immer noch hoch verschuldeten Konkurrenten. Unionsbräu, erfolgreich von Dr. Hermann Schülein geführt, fusionierte 1921 mit Löwenbräu. Schülein stieg zum Generaldirektor von Löwenbräu auf. Zwei Jahre später stellte Löwenbräu den Gastronomiebetrieb des Münchener-Kindl-Kellers endgültig ein.

Die Nährmittelfirma Cenovis übernahm das Gelände. Auch hier saß ein Schülein an den Schalthebeln: Julius Schülein, der Bruder des Brauereichefs. Die Cenovis GmbH – zusammengesetzt aus dem lateinischen Worten »cena« (Mahlzeit), »ovum« (Ei) und »vis« (Kraft), also eiweißreiche Kraftnahrung – war 1915 in München als Bierhefe- und Malzfabrik gegründet worden. Verkaufsschlager war der Cenovis Hefeextrakt, was die Firma zu einem der schärfsten Konkurrenten der Firma Maggi machte. Der Hefeextrakt war angeblich unbegrenzt haltbar und sollte eine gesunde Alternative zu Fleisch und Wurst sein. Ab 1931 gab es ein vergleichbares Produkt unter dem Namen Cenovis auch in der Schweiz. 1938 mussten die Schüleins in die USA emigrieren, weil sie Juden waren. Ein Jahr später vermietete Cenovis den Saalbau an das Reichstelegraphen-Zeugamt. Das Gebäude wurde im Zweiten Weltkrieg vollständig zerstört. 1965 kaufte die Vitamin-Hefe AG im schweizerischen Rheinfelden sämtliche Wortmarken und Fabrikationsverfahren der Münchner Cenovis-Werke. Cenovis wird als herzhafter Brotaufstrich aus der Tube auch heute noch in der Schweiz verkauft, wenn auch nicht so erfolgreich wie die vergleichbaren Produkte Marmite in England und Vegemite in Australien. 1969 riss man die Kriegsruine der Cenovis-Werke endgültig ab und baute das Einkaufszentrum Motorama sowie das Penta-Hotel (heute Holiday Inn). Intention war damals, zwischen Maximilianeum und Giesinger Kirche einen neuen städtebaulichen Akzent zu setzen. Das ist zweifelsohne gelungen, fragt sich nur, ob der Akzent positiv oder negativ ist.

1.12 Bürgerbräukeller

Ob Adolf Hitler wohl so erfolgreich geworden wäre, hätte es die Münchner Bierkeller, allen voran den Bürgerbräukeller am Gasteig nicht gegeben? Eine müßige Frage, die Geschichte ist Geschichte. Aber zweifelsohne boten sich die Bierburgen mit ihren riesigen Sälen den politischen Agitatoren geradezu an. Hier konnte man als Redner seine Sporen verdienen, sich auf Stammtischniveau einschießen und schließlich begeisterte Massen hinter sich scharen.

Die Brauerei ging zurück auf den 1490 gegründeten Zengerbräu in der Burgstraße. 1842 verlegte man die Brauerei nach einem Großbrand in die Kellerstraße 4 nach Haidhausen. Am 27. Oktober 1880 verkaufte Wally Hierl, die Witwe des letzten Privateigentümers, den gesamten Besitz an die neu gegründete »Bürgerliche Bräuhaus AG«, kurz Bürgerbräu. Bürgerbräu fusionierte 1921 mit Löwenbräu und stellte 1932 den eigenen Braubetrieb ein.

Der gigantische Saal des Bürgerbräus fasste 1.830 Gäste. Gerade richtig für den jungen, aufstrebenden Agitator Adolf Hitler, der im nahegelegenen Hofbräukeller seine allererste politische Rede gehalten hatte. Hitler hatte sich schon länger immer wieder in Haidhausen herumgetrieben, denn im Café Gasteig am Rosenheimer Berg traf sich regelmäßig der »Arbeitsausschuss« der Deutschen Arbeiterpartei, Vorgängerin der NSDAP. Am 6. Juli 1920 brachte Hitler bereits 2.400 Zuhörer im Bürgerbräu zum Toben. Schließlich sprengte Hitler mit seinen Leuten am 8. November 1923 eine Großveranstaltung im Bürgerbräu. Bayerns Generalkommissar Gustav von Kahr wollte die politischen Eckpfeiler der nächsten Jahre erläutern. Hitler stürmte mit gezogener Pistole herein und verkündete die »deutsche Revolution«. Die völlig überrumpelten Regierungsmitglieder wurden zum Mitspielen erpresst. Hitlers Schlägertrupps stürmten wahllos Wohnungen von Münchner Juden und verschleppten sie als Geiseln in den Bürgerbräukeller. Am Morgen des 9. November begann von hier aus der Marsch auf die Feldherrnhalle, der sogenannte Hitler-

Der Bürgerbräukeller 1935

Regelmäßig nutzten die Nazis den Bürgerbräukeller für ihre Veranstaltungen.

1 Gasteig/Auf der Lüften

Die Zerstörung nach dem Bombenanschlag: an Georg Elser erinnert heute eine Bodentafel.

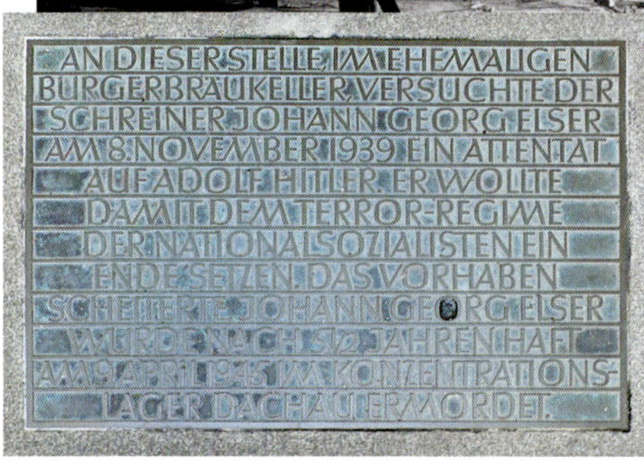

putsch. Am Odeonsplatz warteten Einheiten der Landespolizei, die dem Putschversuch schließlich ein Ende bereiteten.

Adolf Hitler kam kurz in Haft, die Partei wurde vorübergehend verboten. Doch schon am 27. Februar 1925 kehrte Hitler zurück in den Bürgerbräusaal und hielt anlässlich der NSDAP-Neugründung eine flammende Rede. Und knapp drei Jahre später brüllten NSDAP-Anhänger unter Führung von Hermann Esser eine Wahlkampfveranstaltung von Außenminister Gustav Stresemann nieder. Nachdem er eineinhalb Stunden lang versucht hatte, sich Gehör zu verschaffen, brach DVP-Spitzenkandidat Stresemann seinen Auftritt wütend ab.

Ab 1933 inszenierte Hitler die Erinnerung an den gescheiterten Putschversuch jeden 8. November mit einem pompösen Festakt für die »Alten Kämpfer« im Bürgerbräukeller. 1939 kam der Schreiner Georg Elser nach München. Er war überzeugter Antifaschist und sah nur einen Weg, Hitler zu stoppen: ihn zu töten. Elser baute eine Bombe mit Zeitschaltuhr. Abendelang versteckte er sich in einem Abstellraum im Bürgerbräu, wartete, bis er alleine war, und höhlte dann eine Säule hinter dem Rednerpult so weit aus, dass die Bombe Platz hatte. Am 8. November 1939 sollte die Bombe um 21.20 Uhr explodieren, mitten in Hitlers Rede. Doch an jenem Abend beendete Hitler seine Rede ungewöhnlich früh, weil er dringend nach Berlin zurück musste. Er verließ den Saal bereits sieben Minuten nach 21 Uhr. Die Bombe explodierte zu spät, riss aber sieben alte NSDAP-Kämpfer sowie die Kellnerin Maria Henle in den Tod und verletzte 63 Menschen. Georg Elser versuchte sich in die Schweiz abzusetzen, wurde aber an der Grenze aufgegriffen, weil er keine gültigen Papiere hatte. Dann fand man bei ihm eine Postkarte des Bürgerbräukellers, Teile eines Zeitzünders und sein Rotkämpferbund-Abzeichen. Bei Gestapoverhören gestand Elser. Er kam erst ins KZ Sachsenhausen, dann ins KZ Dachau, wo er am 5. April 1945 ermordet wurde.

Ab 1940 hielt Hitler seine jährliche Rede im Löwenbräukeller am Stiglmaierplatz. Der Bürgerbräukeller wurde wieder aufgebaut, diente aber nur noch als Lager. Ab 1945 richteten die US-Truppen eins Casino und ein Vergnügungszentrum ein, aus dem großen Saal wurde die Turnhalle. 1958 kaufte die Löwenbräu AG das Gelände vom bayrischen Staat zurück und gestaltete es um zu einem Veranstaltungsort mit sechs Lokalitäten, die Platz für bis zu 2.640 Gäste boten. 1979 riss man den gesamten Komplex ab. Heute stehen hier das Hilton München City Hotel und die Hauptverwaltung der GEMA.

Hallmayerbräu- und Stubenvollkeller an der Rosenheimer Straße im Jahr 1885 (Aquarell von C. Steinicken)

Man kann es sich heute kaum mehr vorstellen, aber einst war der Gasteigberg von lauter Bierkellern durchlöchert wie ein Schweizer Käse.

Das hatte ursprünglich einen rein praktischen Grund, denn vor der Erfindung der Kältemaschine konnte man Bier nur in tiefen Kellern kühl lagern. Laut bayrischer Brauordnung von 1539 durfte einst nur im Winter zwischen Michaeli (29. September) und Georgi (23. April) gebraut werden. Das Winterbier bedurfte keiner langen Reife, es war sofort ausschankbereit. Doch damit auch gerade in der braufreien Zeit im Sommer die durstigen Kehlen ein herb-kühles Nass genießen konnten, mussten sich die Braumeister etwas einfallen lassen. Sie brauten das Märzenbier, ein besonders haltbares Bier, das bis zum nächsten Herbst, also bis zur nächsten Brausaison nicht so leicht verdarb. Es war stärker gehopft, enthielt mehr Stammwürze und mehr Alkohol. Je stärker München im 18. Jahrhundert wuchs, desto mehr Bier musste gebraut und gelagert werden. Die innerstädtischen Keller reichten bald nicht mehr aus. Die Brauereien entdeckten die Hochufer der Isar östlich und westlich der Stadt. Hier ließen sie tiefe kühlende Keller in den Hang treiben, darüber pflanzte man die damals noch exotische Rosskastanie, die mit ihrem dichten Blattwerk viel Schatten bot und gleichzeitig mit ihren flachen Wurzeln die Kellergewölbe nicht zerstörte. Zwischen die Bäume erbaute man meist einen einfachen Giebelbau als Lager für die leeren Bierfässer. Für zusätzliche Kühlung sorgten in den Kellern Eisblöcke, die man im Winter aus den Seen gehackt hatte. Freilich wurde das Bier oft trotz aller Vorsichtsmaßnahmen sauer und ungenießbar. 1728 wurde erstmals ein Bierkeller außerhalb der Stadtmauern erwähnt. 1775 kaufte der kurfürstliche Hof einen Keller für sein Hofbräu an der Ecke Hoch-/Rosenheimer Straße.

Bis 1799 galt folgende strenge Regelung: Nur jeweils zwei Brauer, einer aus der Pfarrei von St. Peter und einer aus der Pfarrei der Frauenkirche, durften für fünf Tage ihre Keller öffnen und Bier verkaufen. Danach kamen die nächsten zwei dran. Wer begann, bestimmte das Los. Damit ganz München Bescheid wusste, wo der Ausschank gerade stattfand, hängte der Brauer einen grünen Kranz aus. Alle Wirte durften dann nur dieses Bier ausschenken. Zunächst war es streng verboten, aus den Lagerkellern Bier an Privatkunden auszuschenken. Nur wer den grünen Kranz hatte, durfte auch »in minuto«, also in kleinen Mengen, verkaufen. Es hielt sich aber niemand daran. In den Kellern gab es Musikveranstaltungen, Speisen, Spieltische und Kegelbahnen. Es kam

Bierwagen vor dem Sternecker-Sommerkeller auf dem Gasteig (Radierung von Johann Adam Klein, 1862)

zu erbitterten Auseinandersetzungen zwischen den Kellerbetreibern und den Wirten. Als dann ab 1812 endlich der Bierausschank an den Kellern offiziell erlaubt wurde, begann die Ära der bayrischen Biergärten. Doch es durften keine Speisen verkauft werden, das war weiterhin den Wirtshäusern vorbehalten. Bis heute kann man sein eigenes Essen in einen Biergarten mitbringen, auch wenn die meisten mittlerweile reichhaltiges Speisenangebot anbieten.

Einst konnten durstige Haidhauser nur in zwei Wirtshäusern einkehren: ab 1660 beim Großwirt am Wiener Platz und seit 1669 beim Kleinwirt neben der St. Wolfgangkapelle in der heutigen Wolfgangstraße. Beide Wirte betrieben neben der Gastronomie auch noch Landwirtschaft. Das änderte sich im 19. Jahrhundert drastisch. In kürzester Zeit stieg der Gasteig zum beliebtesten und bierseligsten Gebiet Münchens auf. 1833 gab es an der Wiener Straße 20, an der Preysingstraße 3, in der Kellerstraße 5, am Gasteig 1, an der Nordseite der Rosenheimer Straße 7 und an deren Südseite 13 Märzenkeller. Aufgrund der Keller, Gewölbe und Gänge war eine Art unterirdische Stadt entstanden. Man konnte wählen, ob man zum Sterneckbräu, Hof-, Mader-, Leist-, Schuh-, Hallmayer-, Menter- oder Singspielbräu ging – alles nur einen Katzensprung voneinander entfernt; oder doch zum Schleibinger-, Kappler-, Augustinerbräu? Oder zum Thor-, Eberl-, Metzger-, Schütz-, Loderer-, Faber-, Büchelbräu? Eine heute unvorstellbare Auswahl wartete auf die Biertrinker. Das Ende der vielen kleinen Sommerkeller kam mit der Erfindung der Eismaschine durch den Münchner Ingenieur Linde. Die großen Brauereien konnten sich die Umrüstung auf die neue Technik leisten und damit das ganze Jahr hindurch frisches, kühles Bier anbieten. Zu den großen Brauereien, die es Anfang des 20. Jahrhunderts am Gasteig gab, gehörte die Eberlbrauerei, die 1593 in der Sendlinger Straße gegründet worden war. Sie fusionierte 1882 mit Faberbräu und verlegte die Brauanlagen an die Rosenheimer Straße. Schließlich übernahm die Paulanerbrauerei die Eberlbrauerei und verkaufte das Gelände 1920 an die Stadt München. Die Brauanlage wurde stillgelegt und die Gebäude anderen Zwecken zugeführt. Nur die Gaststätte »Stadtkeller« blieb noch einige Zeit erhalten.

Die aufgelassenen Bierkeller dienten im Zweiten Weltkrieg meist als Luftschutzbunker. Oder als geheimes Lager: Denn nach Ende des Weltkriegs entdeckten die hungernden Haidhauser in einem Keller ein Käselager von unvorstellbaren Ausmaßen, ganze Emmentalerlaibe wurden von den Plünderern davongerollt. Noch heute sind viele unterirdische Räume erhalten.

Der Großwirt am Wiener Platz im Jahr 1900

Drei Bierkeller an der Rosenheimer Straße (1875)

1 Gasteig/Auf der Lüften

1.13 Lüften

Noch auf beinahe allen Karten vor der Wende vom 19. zum 20. Jh. findet sich »Lüften« oder auch »Auf der Lüften« als Gemarkung südlich des Dorfes Haidhausen und östlich des Gasteigs. Doch mit der Entstehung des Franzosenviertels und der Ausdehnung Haidhausens verschwand Lüften urplötzlich von den Stadtkarten. Dabei hatte man auf der Lüften sogar einst kaiserlichen Besuch! Karl V. kam am 10. Juni 1530 auf dem Weg von Italien, wo er vom Papst zum Kaiser gekrönt worden war, zum Augsburger Reichstag in München vorbei. Auf der Lüften bereiteten die bayrischen Herzöge Wilhelm IV. und Ludwig X. dem Kaiser einen fulminanten Empfang. Sie ließen 1.486 Mann Bürgerwehr in »harnasch unnd claidung lusstig wol geputzt« und 650 voll gerüstete Pferde Aufstellung nehmen, fuhren schweres Feldgeschütz auf und boten ein hollywoodreifes Spektakel mit viel Feuerwerk und Scheinarchitektur, die in Flammen aufging. Alles drehte sich um die Einnahme eines »schlos mit holtzwerck und tuechern«. Alles ballerte und zündelte. Statisten simulierten Angriff und Verteidigung – acht Statisten überlebten die Show nicht. Hans Sebald Beham hielt diese Szene als Holzschnitt fest und lieferte damit auch eines der ersten Panoramen von München.

Lüften war schon zuvor ein beliebter Austragungsort für martialische Spektakel. Münchner Bürger unterhielten dort Schießstätten für die Armbrustschützen und veranstalteten hier 1411 und 1431 große Schützenfeste. Richtig aufwändig mit adeligen Teilnehmern aus ganz Deutschland und zahlreichen Volksbelustigungen wurde

Lüften (heute Rosenheimer Platz) auf Karten aus den Jahren 1826, 1833 und 1853 (von oben)

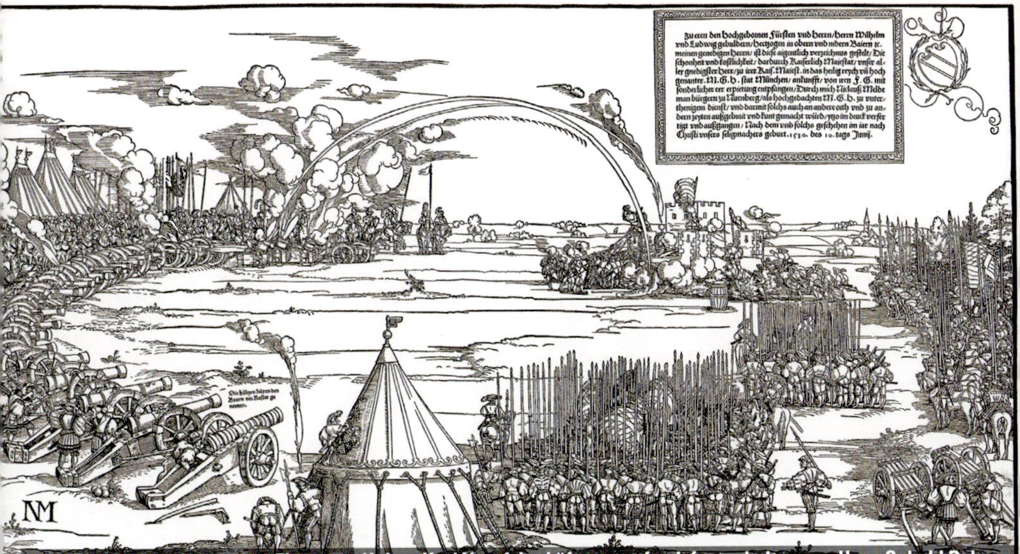

Das Spektakel, das 1530 zu Ehren von Kaiser Karl V. auf der Lüften stattfand, festgehalten von Hans Sebald Beham.

das große »Stachelschießen« (= Armbrustschießen) am 22. September 1577 auf der Lüften gefeiert.

Der Name »Lüften« tauchte allerdings erst 1760 erstmals für diese Gegend zwischen Rosenheimer Platz und Orleansplatz auf. Woher der Name stammt, ist ungewiss: Entweder wegen der zugigen Luft auf der Hochebene oberhalb des Gasteigs, oder von einem Sommerhaus, das ein Wirt dort auf einem Lindenbaum – also quasi in den Lüften – erbauen ließ.

Einmal in der Woche fand hier ein großer Viehmarkt statt, der Bauern aus dem gesamten Umland anzog. Der Chronist Anton Baumgartner notierte 1822: »Sehr merkwürdig ist es, wöchentlich am Donnerstag auf der Lüften zunächst München an der Rosenheimerstrasse den Viehmarkt zu sehen, auf welchem die hiesigen Metzger, und Köche für den Bedarf der Stadt bedeutend einkaufen. (…) Da ist an der Landstraße und an der daranstoßenden Wiese alles mit Ochsen, Kühen, Kälbern, und Schweinen bedeckt, und die Luft ertönt von dem Geblächke der Thiere, von dem Brummen der Kühe, denen man ihre Kälber nimmt, und von dem Bellen der Hunde. Da geht es an ein Handeln, Einschlagen und Geldzählen, an ein Notiren und Aufschreiben zum Behufe des Aufschlags, und der Weg nach München ist an diesem Tag mit Vieh bedeckt, wobey die Treibbuben einen besonderen Verdienst haben.« Wann der große Viehmarkt sein Ende fand, ist nicht überliefert. Vermutlich mit dem Bau des Franzosenviertels.

Mit Bildung der Landgemeinden gehörte Lüften ab 1818 zunächst zu Ramersdorf. Am 1. Juni 1862 wurde Lüften mit der Vorstadt Haidhausen vereinigt, obwohl die Ramersdorfer Gemeindeverwaltung energisch dagegen protestierte.

114 Arbeiter-Turn-Verein München-Ost

Für einen Turnverein war der Start eher ein Stolpern. Der erste »Turnverein Haidhausen« überlebte seine Gründung in den 1890er Jahren nur wenige Monate, dann war er pleite. Am 16. März 1897 trafen sich dann 56 Sportbegeisterte in einem Gasthof in der Pariser Straße 30, um den »Arbeiter-Turn-Verein München-Ost«, heute »TSV München-Ost«, aus der Taufe zu heben. Um nicht sofort wieder pleite zu gehen, hatte man sich diesmal finanzielle Unterstützung durch die SPD und die Gewerkschaften gesichert. Mangels Turnhallen oder Sportplätze

traf man sich zum Training in Nebenräumen von Gaststätten, auch im Münchner-Kindl-Keller oder im Schleibinger Keller, und brachte seine Turngeräte selbst mit. 1906 wagten die fortschrittlichen Haidhauser etwas ganz Verrücktes: Sie öffneten den Sportverein für Frauen! Damit ist die Damenabteilung des TSV München-Ost eine der ältesten, wenn nicht gar die älteste in ganz Deutschland. Im Jahr 1925 konnte der Verein ein Grundstück zum Bau von Sportstätten in der St. Martin-Straße kaufen und zog um nach Obergiesing. Heute ist der TSV München-Ost in der Au beheimatet.

1.15 Exerzierplatz

Im Jahr 1833 existierten an der Kellerstraße drei Bierkeller, direkt daran schloss sich der Haidhauser Exerzierplatz an, der von der Preysingallee durchschnitten wurde. Der östliche Teil des Geländes gehörte der Gemeinde Haidhausen, der westliche lag im Burgfrieden der Stadt München. 1815 überließen die Gemeinde und die Stadt München den Teil südlich der Preysingallee dem Militär, das hier den Militärholzgarten einrichtete. Er reichte bis zur Steinstraße. 1843 ließ Haidhausen den nördlichen Teil, die sogenannten Eggern, parzellieren und mit Häusern bebauen. Der alte Flurname lebt in der Eggernstraße weiter.

Die »Königl. Bayerische Armée Revue« auf dem Exerzierplatz Lüften anlässlich der Herbst-Waffenübungen am 8. Oktober 1832; mit dabei u. a. König Otto von Griechenland sowie Kronprinz Maximilian von Bayern (zu Pferde 4. u. 5. v. l.)

Das Kaffeehaus Gasteig 1918

1.16 Kaffeehaus Gasteig

Seit den 1990ern war hier in der Inneren Wiener Straße 2 DAS Café mit DER Terrasse, wenn man östlich der Isar ausging: im »Café Atlas« verkehrte *tout* Haidhausen. Inzwischen gibt es hier die »L'Osteria«. Doch interessanter ist eines der Vorgängerlokale unter dieser Adresse. Denn im »Kaffee- und Gasthaus Gasteig« traf sich einst der harte Kern, der sogenannte Arbeitsausschuss, der völkischnationalen und radikal antisemitischen Deutschen Arbeiterpartei (DAP). Der Maschinenschlosser Anton Drexler hatte die Partei am 5. Januar 1919 gegründet. Am 16. September 1919 trat Adolf Hitler der Partei bei und bekam die Nummer 555. In Wahrheit war er das 55. Parteimitglied, um mehr herzumachen und nicht vorhandene Größe zu demonstrieren, begann die Mitgliedsliste nämlich nicht mit 1 sondern mit 501. Auch Hitler gehörte nun zu den Stammgästen im Café Gasteig, war er doch Obmann für Propaganda. Bald wechselte man in die größeren Räumlichkeiten des nahen Hofbräukellers.

1.17 St. Johannes (ev.)

Mitte des 19. Jahrhundert hatte München längst seine absolute Katholizität verloren. Zum einen hatten die erzkatholischen bayrischen Regenten stets protestantische Prinzessinnen geheiratet, die laut Ehevertrag ihre Religion behalten durften und jede Menge evangelisches Personal mit nach München brachten. Zum anderen suchten in den Zeiten der Industrialisierung immer mehr Menschen Arbeit in der Großstadt, viele von ihnen Protestanten. Im Jahr 1875 lebten rechts der Isar 1.307 Protestanten, zehn Jahre später waren es bereits 2.567. Höchste Zeit also für eine eigene Kirche. 1887 gründete

Die evangelische Notkirche im Jahr 1911 (o.) und das Portal der heutigen Johanneskirche am Preysingplatz (u.).

man das »Protestantencomité«, um Gelder für einen Kirchenbau rechts der Isar zu sammeln. Ein Jahr später bekam Haidhausen mit Vikar Dr. Georg Gungler seinen ersten evangelischen Pfarrer. Zunächst behalf man sich mit einer 1889 errichteten Notkirche auf dem Preysingplatz, einer ehemaligen Kiesgrube. Zum 1. Januar 1900 wurde St. Johannes ein eigener Pfarrbezirk, im selben Jahr richtete das Protestantencomité eine Kinderbewahranstalt in der Wörthstraße 20 ein.

Die stetig wachsende Gemeinde konnte sich letztlich nicht mehr auf eine Notkirche beschränken. 1912 beauftragte man Architekt Albert Schmidt mit dem Bau einer Kirche. Schmidt hatte bereits mit der Hauptsynagoge und der evangelischen Lukaskirche städtebauliche Akzente gesetzt. Problematisch erwies sich der Baugrund am Preysingplatz, die ehemalige Kiesgrube war mit Bauschutt aufgefüllt worden, der erst einmal wieder entfernt werden musste. Danach wurde die Grube neu aufgefüllt und mit Beton ausgegossen. Zusätzlich mussten 3 bis 5 m lange Eisenrohre zur Stabilisierung des Gebäudes in den Boden gerammt werden. 60 Pfähle stützen z. B. das Turmfundament. Nach knapp drei Jahren Bauzeit konnte die neoromanisch gestaltete Kirche am 2. April 1916 geweiht werden.

Nach Kriegszerstörung im Jahr 1945 fanden die Gottesdienste behelfsmäßig im Gemeindehaus Wörthstraße 20 statt. Die Kirche war erst 1948 wieder benutzbar. In den Jahren 1982/83 gestaltete das Architekturbüro Steinhauser und Gräfe das Kircheninnere grundlegend neu: Man verkleinerte den Gottesdienstraum, integrierte durch Glaswände mit Schiebetüren die Gemeinderäume in die Kirche und schuf eine Art »Wohnkirche«.

1.18 Ziegelbrennerbrunnen

Zur Erinnerung an die Leistungen der italienischen Saisonarbeiter in Haidhauser Ziegeleien schuf der Münchner Bildhauer Hans Osel den *Ziegelbrenner-Brunnen*. Im November 1978 wurde der Brunnen aus Muschelkalk vor der evangelischen Johanneskirche am Preysingplatz aufgestellt. Die kniende Figur formt einen Ziegelstein, der Stehende trägt am Rücken gebrannte Ziegel mit einem Reff und hält in der Hand Dachziegeln.

1.19 St. Josefs-Heim

Das Gründungsjahr ist 1855, doch die Geschichte des St.-Josefs-Vereins begann im November 1843, als die Hofmalerswitwe Maria Böll in ihrem Testament den »armen Waisenkindern zu Haidhausen« 1.000 Gulden vermachte. Kaplan Joseph Gruber und Pfarrer Johann Georg Walser griffen die Idee auf und gründeten schließlich den St. Josefs-Verein. Das erste Waisenheim bestand aus einer angemieteten Wohnung in der Kirchenstraße 29 (heute Johannisplatz 1), in der eine angestellte Haushälterin sechs Jungen und acht Mädchen versorgte. Ab 1858 übernahmen zwei Niederbronner Schwestern den Dienst. Vier Jahre später konnte ein Anwesen in der Eggernstraße 6 erworben und umgebaut werden. 1873 kam eine kleine Kapelle hinzu. Durch Grundstücksankäufe und Erweiterungsbauten wurde 1885 Raum geschaffen für einen Mädchenhort, zwei Jahre später entstand ein Knabenhort an der Preysingstraße 21. Im Jahr 1899 versorgten 15 Schwestern 90 Heimkinder, 100 Kindergartenkinder, 100 Buben im Knabenhort, 150 Kinder im Mädchenhort und pflegten dazu noch 167 Kranke in Haidhausen. Zwischen 1898 und 1905 vermietete der Verein die Horträume als Klassenzimmer an die völlig überlaufene Wörthschule.

1906 kaufte der Verein noch die Anwesen Preysingstraße 23 und 25, um weiter ausbauen zu können. Weil das alte Haus in der Eggernstraße inzwischen völlig baufällig geworden war, wurde es abgerissen und 1931 eine neue Anstalt mit Hauskirche an der Preysingstraße erbaut, das Gebäude ist heute der Altbau des St. Josefs-Heims. Langsam begann man auch nicht nur Kinder, sondern auch Senioren zu versorgen. Während der Nazizeit hatte der Verein schwere Zeiten, wie sich der langjährige Vereinsvorsitzende Stadtpfarrer Mühlegger aus Oberföhring erinnerte: »Es wird Krieg und nun scheint es, als ob der Segen vom Haus gewichen wäre. Das Haus wird beschlagnahmt (1.Oktober 1943), die Kreuze werden entfernt, die Hitlerjugend ist Herr im Hause, die Schwestern sind Putzfrauen und nur geduldet, die Direktion wird kaltgestellt.« Fliegerbomben beschädigten die Anstalt schwer. Nach Abschluss der Sanierungsarbeiten beschloss der Verein, auf dem freien Bauplatz an der Eggernstraße einen Neubau mit Kindergarten im Erdgeschoss und einem Altenheim in den oberen Stockwerken zu errichten. Das Haus wurde am 10. Februar 1968 von Kardinal Döpfner eingeweiht. Im Jahr 1983 zog das Mutterhaus in Neumarkt wegen Nachwuchsmangels die letzten Schwestern ab. Durch zahlreiche Aus- und Umbaumaßnahmen in den 1980er und 1990er Jahren beherbergt das St. Josefs-Heim heute sieben Einrichtungen der Kinder-, Jugend- und Altenhilfe, viele davon unter einem Dach im Haupthaus. Dazu kommen eine heilpädagogische Tagesstätte in der Wörthstraße 12, eine Integrationskrippe in der Pütrichstraße 1 und die Heilpädagogische Wohngruppe Purk in Moorenweis.

Der erste Hofbräukeller lag an der Rosenheimer Straße/Ecke Hochstraße (Aquarell von Josef Puschkin); heute steht hier das Motorama

1.20 Hofbräukeller

Das Hofbräuhaus, 1589 von Herzog Wilhelm V. am Platz gegründet, war bereits seit 1775 auf dem Gasteigberg zu Hause. Damals ließ es an der Ecke Hoch-/Rosenheimer Straße einen Märzenkeller durch den Baumeister Caspar Trisberger erbauen. 1865 übernahm Hofbräu den Faberbräukeller in der Inneren Wiener Straße und breitete sich durch Zukäufe von benachbarten Grundstücken, darunter auch den Leistbräukeller, langsam immer weiter aus. Schritt für Schritt wurden Produktionsabläufe vom Platzl an den Gasteig verlegt. Schließlich wurde beschlossen, die komplette Produktion an die Wiener Straße zu verlegen. Die Haidhauser Bürger protestierten, sie wollten keine Großbrauerei vor ihrer Nase, noch dazu direkt an den grünen Gasteiganlagen. Da sich selten etwas ändert, war es damals nicht anders als heute: Die Proteste verhallten ungehört! Am 10. August 1896 wurde das erste Hofbräubier in Haidhausen gebraut. Die Brauerei verkaufte nun die Keller am Rosenheimer Berg und erwarb das benachbarte Palais von Herzog Ludwig von Bayern. Das Palais wurde abgerissen, um einer neuen Flaschenabfüllanlage Platz zu machen.

Der Hofbräukeller erlebte zwei Tiefpunkte der Geschichte: Hier wurden während der Räterevolution am 5. Mai 1919 unbescholtene Perlacher ermordet (siehe 2.21) und dann hielt der spätere Massenmörder und Diktator Adolf Hitler am 16. Oktober 1919 hier seine erste öffentliche parteipolitische Rede vor rund 100 Zuhörern. Der Hofbräukeller blieb in den Folgejahren ein beliebter Veranstaltungsort der Rechten. Der »Lustige Stadtführer « von 1922 beschreibt den Keller als Treffpunkt der »kernig-konservativen Eingeborenen« und als »Bollwerk gegen alles allzu Neuzeitliche«.

Bei umfangreichen Umbaumaßnahmen der Produktionsanlagen 1935 wurden auch die Gaststätte und der Biergarten neu gestaltet. Die heute sichtbaren hölzernen Arkaden waren übrigens einst Teil der Stallungen für die Brauereirösser. Die Amerikaner beschlagnahmten die Anlagen nach dem Krieg und gaben sie erst wieder 1950 frei. Am 6. April 1987 wütete ein Großfeuer im Verwaltungs- und Gaststättengebäude des Hofbräukellers. Die Brauanlagen blieben vom Brand verschont,

Der alte Hofbräukeller kurz vor dem Abriss 1905, im Hintergrund schon Neubauten

Der Hofbräukeller an der Inneren Wiener Straße; eine Gedenktafel am Eingang zum Biergarten erinnert an die hier ermordeten Perlacher.

dennoch verlegte man ein Jahr später den Braubetrieb nach Riem. Bis auf den großen Neorenaissance-Bau am Wiener Platz riss man alle Brauereianlagen ab und verkaufte das Gelände. Die Bayerische Hausbau errichtete dort Eigentumswohnanlagen für eine gutbetuchte Klientel. Heute erinnern nur noch die Gaststätte und der beliebte Biergarten an die große Zeit der Bierindustrie in Haidhausen. Das momentan lindgrün gestrichene, 1993 sanierte Gebäude steht unter Denkmalschutz. Im südlichen Teil, der ehemaligen Mälzerei, sind heute Büros untergebracht.

Im ersten Untergeschoss unter dem Wirtshaus befindet sich das Tanzlokal Maratonga. Im zweiten Untergeschoss war von Oktober 2000 bis Mai 2008 das ValentinKarlstadt Theater zu Hause. Es wurde 1999 von Gerald Karrer, Bele Turba und Christian von der Au gegründet und besteht heute als Theater ohne festen Spielraum fort.

1.21 Ermordung der Perlacher

Während der brutalen Wirren der Räterepublik im Frühjahr 1919, die ganz München in ein Schlachtfeld verwandelten, war der Hofbräukeller Schauplatz eines blutigen Massenmords. Am 1. Mai 1919 war das rechtsgerichtete Freikorps Lützow in Perlach einmarschiert und hatte die »Roten« vertrieben. Hans von Lützow fand mit seinen Offizieren Quartier beim evangelischen Pfarrer Rudolf Hell. Vier Tage später, das Freikorps war inzwischen nach München weitergezogen und hatte im Hofbräukeller Quartier bezogen, meldete sich Pfarrer Hell telefonisch bei Lützow und behauptete, die »Roten« seien in Perlach immer noch aktiv. Lützow schickte 40 Mann mit zwei Lastwagen los, die in Perlach eine Liste von »gefährlichen« Leuten bekamen. 13 Männer wurden verhaftet und in den Hofbräukeller verschleppt. Einzig der 19-jährige Konrad Zeller wurde nach Verhören freigelassen. Er sagte später aus: »Gleich nach unserer Ankunft im Hofbräukeller mussten wir in Reihe antreten. Jemand, wer weiß ich nicht, gab den Befehl: ›Ludwig raus‹. Ludwig wurde von 2 Soldaten hinter das Auto geführt. Gleich darauf krachte es 2 oder 3 Mal. Ich glaube, dass Ludwig sofort erschossen worden ist.« Wie der Arbeiterratsvorsitzende und Hafnermeister Josef Ludwig wurden auch die anderen elf Perlacher ohne Gerichtsverhandlung am 5. Mai gegen Mittag im Biergarten des Hofbräukellers erschossen und anschließend vom Exekutionskommando ausgeraubt.

Was man ihnen konkret vorwarf, wurde nie geklärt. Zehn der Männer waren Sozialdemokraten, das schien auszureichen. Die Gendarmeriestation Perlach bestätigte später, dass keiner der Erschossenen an Aufruhrhandlungen beteiligt gewesen war. Neben Josef Ludwig wurden ermordet: die Hilfsarbeiter Artur Koch, Johann Keil, Sebastian Hufnagel und Albert Dengler, die Arbeiter Kon-

rad Zeller und Albert Krebs, der Schweizer Staatsbürger war, der Schreiner Georg Jakob, der Maurer und Arbeiterrat Josef Jakob, der Eisenbahnarbeiter Georg Eichner, der Korbmacher August Stöber und der Former Johann Fichtl. Zwei der Getöteten waren Junggesellen, die anderen Männer hinterließen zehn Frauen und 46 Kinder. Die Justiz, schon damals auf dem rechten Auge blind, stellte die Täter nie vor Gericht. Und Pfarrer Hell strengte in der Mitte der 1920er Jahre mehrere Beleidigungsklagen gegen Münchner Sozialdemokraten an, die ihm vorwarfen, er habe den Massenmord nicht verhindert.

1.22 Wiener Markt

Obwohl er am Rande Haidhausens liegt, gilt er für viele als das Herz des Viertels: der Wiener Markt, auch als Markt am Wiener Platz bekannt. Er verdankt seinen Namen der Tatsache, dass er an der alten Straße nach Wien liegt. Er ist der kleinste der vier ständigen Münchner Lebensmittelmärkte (es gibt noch den Viktualienmarkt, den Pasinger Viktualienmarkt und den Elisabethmarkt in Schwabing). Ursprünglich fand der Haidhauser Markt an der Preysingstraße statt. Der Magistrat der Stadt beschloss aber im Oktober 1889 eine Verlegung an den heutigen Standort. Einen Monat später zog der Markt um. Der Zweite Weltkrieg hinterließ schwere Schäden, die erst im Laufe von Jahren beseitigt wurden. Zuletzt gab es im Jahr 2002 umfangreichere Sanierungsmaßnahmen. Den großen Maibaum stifteten die »Freunde Haidhausens« 2003.

Betreiber des 350 m^2 großen Wiener Markts sind die Markthallen München, ein Eigenbetrieb der Stadt München. Die Händler haben keine Mietverträge, sondern eine »Zuweisung«. Wenn ein Stand frei wird, rücken Bewerber von einer Vormerkliste nach, wobei der Stand wieder mit dem gleichen Sortiment bestückt werden muss, um das Marktgleichgewicht zu erhalten.

1.23 Fischerbuberl-Brunnen

Reichen Fang präsentiert der bis auf seinen Hut völlig nackerte Bub: in jedem Arm trägt er einen Fisch und eingeklemmt zwischen seinen Füßen lugt ein dritter Fisch hervor. Der Fischerbuberl-Brunnen wurde 1910 vom Bildhauer Ignatius Taschner geschaffen. Er stand einst direkt neben der Freibank am Viktualienmarkt. Durch den Wiederaufbau der Schrannenhalle musste ein neuer Standort gesucht werden. Man entschied sich für den Wiener Platz in Haidhausen. Umstritten blieb dabei die Position des bronzenen Buben. Zunächst wurde er so gestellt, dass er Richtung Isar schaute. Das brachte die Markthändler auf die Palme, da ihnen der Junge nun den blanken Hintern entgegenstreckte. Also ließ man die Figur umdrehen. Wieder nicht gut, denn nun sahen Passanten direkt auf den Po. Es wurde gedreht und gewendet, bis es schließlich irgendwie passte. Die heutige Brunnenfigur ist übrigens ein Abguss aus dem Jahr 1934.

1.24 Johann Nepomuk von Nußbaum

In einem kleinen Eckhaus direkt am Wiener Platz, am »Praterbergl«, erblickte am 2. September 1829 einer der berühmtesten Söhne Haidhausens das Licht der Welt: Johann Nepomuk Nußbaum. Hier wuchs er gemeinsam mit drei Geschwistern auf. Dem Sohn eines Sekretärs am königlichen Justizministerium gelang eine außergewöhnliche Karriere. Er konnte das Abitur machen und anschließend Medizin studieren. Mit nur 24 Jahren erlangte er den Doktortitel mit einer Arbeit über Augenheilkunde. Er arbeitete in kleinen Landgemeinden als Choleraarzt, unternahm Studienreisen zu bedeutenden Koryphäen nach Paris, Berlin und Würzburg und war gerade mal 30 Jahre alt, als man ihn zum Professor für Chirurgie in München berief. Nußbaum experimentierte gerne, war neuen Methoden aufgeschlossen und setzte durch, dass in seiner Abteilung konsequent die antiseptische Wundbehandlung angewendet wurde. Das Geld für das desinfizierende Karbol musste er zunächst aus eigener Tasche zahlen, da der Stadtrat sich weigerte, derartige neumodische Spinnereien zu finanzieren. Der Erfolg gab Nußbaum recht, in seiner Abteilung starb fast niemand mehr an Wundbrand, bislang häufigste Todesursache nach einer Operation. Nußbaum führte zudem den Gazeverband ein und beschäftigte sich mit plastischer Chirurgie. Nußbaum starb 1890 und wurde nicht auf dem Haidhauser Friedhof, sondern auf dem Alten Südfriedhof beigesetzt.

1.25 Karl Valentin

»Beim Möbelschreiner Hallhuber in Haidhausen lernte ich hobeln, sägen, nageln. Bald entwendete ich einen Nagel, schlug ihn in die Wand und hing an demselben das goldene Handwerk der Schreinerei für immer auf«, schrieb Karl Valentin über seine Haidhauser Zeit. Karl, der eigentlich Karl Valentin Fey hieß, stammte aus der Au und wurde vom Vater zum Schreiner Hallhuber in der Weißenburger Straße 28 in die Lehre geschickt. Valentin beendete brav die Lehre und arbeitete als Facharbeiter, doch lieber trieb er sich in den Haidhauser Kneipen herum, wo er begeistert Billard spielte und schon bald als »Vereinshumorist« auftrat. Später kehrte der inzwischen höchst erfolgreiche Komiker nach Haidhausen zurück. Er zog 1933 in eine großzügige Wohnung in der Sckellstraße 1, direkt an den Gasteiganlagen. Doch gerade diese Nähe zum Park machte dem Künstler massiv zu schaffen. Wenn er nachts nach Hause kam, fürchtete er sich vor den dunklen Schatten der Bäume und steigerte sich in Wahnvorstellungen hinein. Wegen der »rabenschwarzen Räuber«, die in den »kohlrabenschwarzen« Gasteiganlagen lauern würden, legte er sich einen Revolver zu. Die Waffe ver-

Valentin-Graffito

stärkte jedoch seine Panik, denn nun fürchtete er sich nicht mehr nur vor imaginären Räubern, sondern vor dem ganz realen Revolver in seiner Tasche. Für Valentin bedeutete das ein schnelles Ende seines Haidhauser Intermezzos. So schön konnte die Wohnung gar nicht sein, nach wenigen Monaten zog er aus der Sckellstraße wieder aus.

1.26 An der Kreppe

Unter einer Kreppe versteht man einen vom Wasser ausgespülten Graben, der befahrbar ist. Die Haidhauser Kreppe entstand durch Grundwasser, das hier an die Oberfläche trat und eine kleine Quellmulde schuf. So ein Wassergraben eignete sich nicht für größere Bauvorhaben, also durften dort die Tagelöhner ihre kleinen Herbergsanwesen bauen. 1861 sind für die Kreppe fünf Anwesen mit je zwei Herbergen und ein Anwesen mit drei, eins mit vier und eines sogar mit sechs Herbergen nachgewiesen. Dazu kamen noch vier kleine Häuser, die jeweils nur einen Eigentümer hatten (mehr zu den Eigentumsverhältnissen und dem Leben in den Herbergen ab S. 62). Die meisten Eigentümer und Bewohner waren Tagelöhner, aber auch ein Steinhauergeselle, ein Wegmacher, ein Ziegelmeister, ein Steinschleifersohn, ein Maler und eine Näherin lebten hier.

Heute sind in der Kreppe noch drei Herbergsanwesen aus dem späten 18. Jahrhundert und ein Pumpbrunnen erhalten. Am Ein- oder Ausgang der Kreppe befinden sich am Wiener Platz drei weitere Herbergen. Hier verlief einst die Grenze zwischen dem Gasteig, der zur Stadt München gehörte, und dem Dorf Haidhausen. Daher endete hier die Innere (also zur Stadt zählende) Wiener Straße und die Äußere Wiener Straße (außerhalb der Stadtgrenzen, heute die Einsteinstraße) begann.

1.27 Die Schweden kommen!

Wie alle Dörfer rings um München hatte auch Haidhausen schwer unter Kriegen und Seuchen zu leiden. Ganz besonders im Mai 1632, als der Dreißigjährige Krieg wütete. »Die Schweden kommen!«, hieß der Schreckensruf, der durchs Land schallte. König Gustav Adolf hatte die Donau überschritten und rückte gen München vor. Er drohte damit, München dem Erdboden gleich zu machen. Panisch schickte München dem Schweden Gesandtschaften entgegen, dreimal ließ Gustav Adolf die Unterhändler abblitzen, dann schließlich einigte er sich mit ihnen, bzw. diktierte ihnen seine Bedingungen. Am 17. Mai 1632 zog das schwedische Heer von Norden kommend nach Haidhausen und nahm am Gasteigberg Stellung. Dort warteten schon der Münchner Magistrat, die Geistlichkeit und hochrangige Bürger. Auf den Knien überreichte man dem Schwedenkönig den Stadtschlüssel auf einem roten Samtkissen – und versprach 300.000 Taler als Kriegstribut zu zahlen. Dafür hielt sich Gustav Adolf an seine Zusage, die Stadt zu verschonen. Der Kupferstich oben zeigt die Übergabezeremonie; am linken Bildrand erkennt man noch das Isarbrunnhaus.

Gustav Adolfs Truppen verschonten allerdings das Umland nicht. Sie verwüsteten alles, inklusive Haidhausen, sie verschleppten das Vieh, raubten, vergewaltigten und mordeten. Was sie erbeuteten, verkauften sie in München auf Trödelmärkten. Wie viele Tote Haidhausen zu beklagen hatte, ist nicht bekannt. Nur das Schicksal der Bewohner der beiden Höfe, die der Stadt München gehörten, kennt man: Die Gronimusbäuerin Maria Eckhardt und ihr Gatte sind durch die Schweden »umbkhomben« und die Lenzbauerswitwe Margaretha Streicher wurde ebenso wie ihr Sohn Balthasar erschlagen.

München hatte allerdings Probleme, die 300.000 Taler aufzutreiben, es kamen nur 144.273 zusammen. Auch die armen Bewohner von Haidhausen, Giesing und der Au hatten Geld beigetragen. Der Schwedenkönig nahm daraufhin 42 Münchner Bürger als Geiseln bis zur vollständigen Bezahlung mit sich.

Viele, die die Schweden überlebte hatten, wurden dann von der Pest dahingerafft. In Haidhausen starben 212 Menschen im Jahr 1634 den schwarzen Tod.

Dann rückten im letzten Kriegsjahr 1648 die Franzosen gemeinsam mit den Schweden vom Westen her auf München zu. Sie trieben eine Schar von Flüchtlingen vor sich her, die hinter den dicken Mauern Münchens Schutz suchten. Die Stadt und der Herzog sahen sich gezwungen, die Flüchtlinge auf die andere Isarseite in Sicherheit zu bringen und verteilten die Kontingente auf die Au, Giesing und Haidhausen. Haidhausen musste 418 Menschen, darunter 230 Kinder, aufnehmen. Nicht ge-

rade einfach, da es nur 35 Anwesen gab. Und auch hier war es wieder so, dass sich die feindlichen Truppen am Umland austobten, weil sie die Hauptstadt nicht einnehmen konnten. Wie viele Tote Haidhausen zu beklagen hatte, ist nicht überliefert. Die Zahl der Anwesen verringerte sich jedenfalls auf 28.
Noch einmal musste Haidhausen im ersten Koalitionskrieg 1796 schwer leiden. Da die Stadt München neutral blieb, tobte sich die Armee des Prinzen Ludwig Joseph Condé im Umland aus. »Noch viel ärger als Straßenräuber und Kannibalen«, so ein Zeitzeuge, hausten sie. Dass sie die Sommerbierkeller am Gasteig plünderten, war noch das Harmloseste. Die Truppen zündelten im Dorf und brannten die Kirchenstraße nieder. Immerhin zahlte der Prinz von Condé den »Abbräntlern« eine großzügige Entschädigung.

Das Gemälde von Eugen Napoleon zeigt ganz links noch das Ripfel-Schlössl, das dem Maximilaneum weichen musste.

1.28 Ripfel-Schlössl

Als König Max II. das Gelände am Isarhang für sein Maximilianeum kaufen ließ, kannte man es unter dem Namen »Ripfelanger«. Benannt war es nach dem Steinmetz Anton Ripfel, der 1794 in Schlanders/Tirol geboren wurde. Ripfel kam 1816 völlig verarmt nach München, fand aber an der Großbaustelle der Glyptothek sofort Arbeit. Schnell stieg er zum Polier und schließlich zum Steinmetzmeister auf. Seine Karriere krönte er durch die Hochzeit mit einer schwerreichen Steinmetzwitwe aus Haidhausen. Finanziell sorgenfrei ließ er sich zwischen Wiener Platz und Isar, wo eine Treppe zur Teichenbrücke hinabführte, eine Villa bauen, die man bald »Ripfelschlössl« nannte. Kronprinz Ludwig und dessen Architekt Leo von Klenze beauftragten Ripfel mit fast allen Steinmetzarbeiten zu den Neubauprojekten in der Maxvorstadt. Er führte einen regelrechten Großbetrieb mit zahlreichen Mitarbeitern, galt aber auch als Wohltäter und Mäzen. Nach dem Tod seiner Frau jedoch verlor Ripfel zunehmend den Realitätssinn. Er hielt sich eine kostspielige Maitresse und schmiss das Geld im wahrsten Sinne des Wortes zum Fenster hinaus, er warf z. B. aus seiner Kutsche Goldmünzen unter das Volk. Ripfel starb letztlich völlig verarmt in einem Hinterzimmer beim Stafflwirt im Tal. Seine Villa wurde bei der Gestaltung der Gasteiganlagen weggerissen.

1.29 Eduard Grützner

Die Grundvoraussetzungen waren denkbar schlecht: 1846 als siebtes Kind eines einfachen Bauern im schlesischen Großkarlowitz geboren, schien ein Leben in Armut vorprogammiert. Als Bub hütete Eduard Grützner Vieh, doch der Dorfpfarrer erkannte, dass das Kind intelligent und zeichnerisch sehr begabt war. Der Pfarrer sorgte dafür, dass Grützner das Gymnasium besuchen durfte, die Eltern frohlockten, denn nun konnte der Bub Pfarrer werden! Nur wollte der Bub das nicht. Per Zufall erfuhr der Münchner Architekt Hirschberg von Grützners Talent und brachte den Jungen zur künstlerischen Ausbildung nach München. Grützner studierte erst an der Kunstgewerbeschule bei Hermann Dyck, dann wechselte er an die Akademie zu Johann Georg Hiltensperger. Schließlich wurde der große Karl von Piloty auf Grützner aufmerksam und holte ihn 1867 in seine Klasse. Sein außergewöhnliches Talent und seine Bildideen bescherten ihm bald großen Erfolg und Sammler in aller Welt. Grützner spezialisierte sich auf heitere Szenen aus dem Klosterleben, wurde der »Mönchmaler« und etablierte sich neben Carl Spitzweg und Franz von Defregger als wichtigster Münchner Genremaler. Da durfte bald ein repräsentatives Anwesen nicht fehlen. Grützner kaufte am Rande der Gasteiganlagen ein Grundstück an der Praterstraße. und ließ sich von Leonhard Romeis 1884 eine Villa im Stil der Renaissance errichten. Alles, was Rang und Namen hatte, verkehrte hier, auch das bayrische Königshaus. 1916 wurde Grützner geadelt. Er sammelte leidenschaftlich Antiquitäten, erst nur aus Europa, später auch aus Ostasien, als 70-Jähriger lernte er sogar noch Japanisch. Fünf Jahre nach seinem Tod 1925 wurden die Sammlung und das gesamte Inventar der Grützner-Villa versteigert und damit endgültig auseinander gerissen. Die Praterstraße wurde ihm zu Ehren in Grütznerstraße umbenannt.

1 Gasteig/Auf der Lüften

1.30 Maximilianeum

König Maximilian II. wollte gerne seinem Vater Ludwig I. nacheifern und in München städtebauliche Akzente setzen. So ließ er sich ab 1853 eine Prachtstraße von der Innenstadt zur Isar hin anlegen, die Maximilianstraße. Da bot es sich an, auf der anderen Isarseite mit einem Monumentalbau einen würdigen Abschluss der Straße zu schaffen. Der König wünschte dort ein »Athenäum«, eine Studienstiftung. »Talentvolle Jünglinge, welche die Gymnasial-Studien absolviert, und sich durch alle Klassen, sowohl in intellectueller, als auch moralischer Beziehung von ihren Altersgenossen rühmlich hervorgetan haben«, sollten dort als Stipendiaten leben und studieren können und zwar »ohne Ansehen des Standes«. Nur Studenten der Medizin und der Theologie wollte Max II. auf keinen Fall, denn er beabsichtigte, eine Elite für den gehobenen Staatsdienst heranzuziehen, wer braucht da schon Pfaffen und Ärzte. Auf der Suche nach geeigneten Grundstücken hatte man erst Orte am Starnberger See im Visier, doch die Entfernung zur Uni in München sprach dagegen. Auch Harlaching war kurz in der engeren Auswahl, doch dann entschied man sich für den »Ripfelanger« in Haidhausen, den Abschluss der Maximilianstraße. Nach zähen Verhandlungen mit mehreren Grundstückeignern konnte 1857 das Areal gekauft werden und die Bauarbeiten nach den Entwürfen von Architekt Friedrich Bürklein, der auch den alten Münchner Hauptbahnhof baute, beginnen. Schnell zeigte sich, dass der Bauplatz nicht besonders klug gewählt war, denn das Hochufer musste immer wieder neu abgestützt und gesichert werden. Im Winter 1874 konnte das Maximilianeum endlich eröffnet werden. Neben der Stiftung befand sich dort auch eine Pagerie und eine Gemäldesammlung mit pathetischen Historienbildern, auf denen die 30 bedeutendsten Ereignisse der Weltgeschichte (die Auswahl bestimmte Max II.) dargestellt waren. Zeitgenossen sahen den Bau durchaus kritisch. Der Schweizer Kunsthistoriker Jacob Burckhardt, der die Maximilianstraße schon »jämmerlich gotisch« beurteilte, bespöttelte es 1877 als »Kartonmachwerk, und wenn man die kümmerliche Rückseite sieht, wird einem vollends schwach.«

Aufnahme ins Maximilianeum fanden nur Abiturienten mit einem Notenschnitt von 1,0. Sie durften sich auch nicht selbst bewerben, sondern mussten von Schulrektoren vorgeschlagen werden und wurden dann von einer neunköpfigen Kommission kritisch durchleuchtet. Zur erforderlichen Ausstattung eines Stipendiaten gehörten u. a. »1 schwarzer Frack, 1 dunkelblautuchener Gehrock, 1 dunkelblautuchener Paletot, 1 runder schwarzer Hut, 12 Hemden von mittelfeiner Leinwand« sowie vier Paar Unterbeinkleider … Für die Stipendiaten brachen mit dem Ende der Monarchie schwierigere Zeiten an. Die Pagerie wurde aufgelöst. Räume mussten untervermietet werden, darunter auch an eine Gastwirtschaft. Im Zweiten Weltkrieg diente das Maximilianeum für militärische Zwecke, Offiziersstäbe, Flakeinheiten und eine Luftschutzrettungsstelle zogen ein. Dann zerstörten Brandbomben einen Teil der Gemäldegalerie. Schließlich beschloss die SS, das Maximilianeum als Bollwerk zur Verteidigung Münchens gegen die Amerikaner auszubauen. Um das zu verhindern, richteten besonnenere Militärs ein Lazarett mit Genesungskompanie ein.

Arbeiter auf dem Engel bei Renovierungsarbeiten 1935

Nach dem Zweiten Weltkrieg bekam das Maximilianeum einen neuen Untermieter: den obdachlos gewordenen bayrischen Landtag. Mit einem Festakt wurde der Landtag am 11. Januar 1949 hier eröffnet. Einen Monat später zog auch der bayrische Senat ein. Das Maximilianeum dient aber auch heute noch hauptsächlich als Studienstiftung. Unter seinen Stipendiaten waren z. B. der Politiker Franz Josef Strauß und der Physiker Werner Heisenberg.

Das Maximilianeum auf einer Postkarte von 1917

1.31 Maximiliansanlagen

Was mein Vater kann, kann ich schon lange, dachte sich Maximilian II. und beschloss wie zuvor sein Vater König Ludwig I., der Stadt seinen gestalterischen Stempel aufzudrücken. Vor allem wollte er die Seite jenseits der Isar mehr ins Stadtbild mit einbeziehen. Durch Maximilianstraße und -brücke sowie das Maximilianeum war die östliche Hochebene an die Stadt angebunden. Der steile, größtenteils erodierte Isarhang passte da gar nicht gut ins Bild. Also beauftragte der König 1857 Carl von Effner mit einer Neugestaltung des Areals zwischen Haidhausen und Bogenhausen. Effner modellierte das Gelände komplett neu, legte Terrassen, Wege und Pflanzungen an, die immer neue Blicke auf das Isartal freigaben. Das Isarufer konnte er wegen der Hochwassergefahr noch nicht mit einbeziehen. Zwischen 1861 und 1866 arbeitete sich Effner Richtung Süden vor und kreierte die Gasteiganlagen, die später in den Maximiliansanlagen aufgingen. Die Maximiliansanlagen reichen seitdem von der Ludwigsbrücke bis zur Max-Joseph-Brücke. Mitten in die Anlagen hinein schufen Jakob Möhl und Wilhelm Zimmermann ab 1890 die Terrassen und die Verkehrsführung für die Prinzregentenstraße, die über die neue Prinzregentenbrücke in den Osten verlängert werden sollte. Durch die Befestigung der Isar konnte ab 1894 auch das Ufer nach Plänen von Wilhelm Zimmermann neu gestaltet und in den Park einbezogen werden. Als neues Münchner Wahrzeichen wurde 1899 der 38 m hohe Friedensengel auf das Hochufer gesetzt. Ein Teil der Gasteiganlagen dient heute als städtische (Schul-)Sportanlage, wodurch der Parkcharakter in diesem Abschnitt verloren gegangen ist.

1.32 Brunntal

Quellwasser suchte sich seinen Weg durch die Kreppe hinunter ins Brunntal (nördlich des Maximilianeums) und floss unterhalb des Friedensengels beim Achtersee in die Isar. Herzog Albrecht V. wollte das kostbare Nass nicht einfach ungenutzt lassen und ließ 1587 ein neues Brunnhaus im Brunntal erbauen. Eine hölzerne Wasserleitung führte das Wasser über einen hölzernen Steg (die Teichen-, später Praterbrücke). Neben dem Hofbrunnhaus stand das Preysingsche Brunnhaus, das die Wasserspiele des Preysingschen Lustgartens mit Wasser versorgte. Es muss Ende des 17. Jahrhunderts entstanden sein. Um einen drohenden Wassereinbruch der Isar zu verhindern, bekam das Brunnhaus 1738 neue Uferbefestigungen. Es muss auch einmal komplett Opfer der Isar geworden sein, denn in einem Schreiben von 1763 wird das »neuerbaute Brunnhaus« erwähnt, das anstelle des vom »Wasser weggerissenen« erbaut worden war. Die beiden Brunnhäuser wurden 1832 vereinigt und drei Jahre später übernahm eine Dampfmaschine, eine der ersten Münchner Dampfmaschinen überhaupt, die Pumparbeit. 1847 wurde die Maschine durch ein neues Modell von der Maschinenfabrik Maffei ersetzt. Doch die Dampfmaschine fraß zu viel Feuerholz, also kehrte man letztlich zur Wasserkraft zurück. 1856 wurde das Brunnhaus stillgelegt und drei Jahre später im Zuge der Bauarbeiten zum Maximilianeum abgerissen. Seitdem verläuft der Bach meist unterirdisch und seit 1895 mündet er beim Maximilianswerk gemeinsam mit dem Auer Mühlbach in die Isar. 1904 übertrug der Königshof die ehemaligen Hofwasserleitungen und damit die Quellen im Brunntal kostenlos der Stadt.

Die beiden Bilder zeigen, wie der Isarhang vor Baubeginn der Maximiliansanlagen aussah. Links erkennt man den hölzernen Quellwasserleitungssteg knapp südlich der heutigen Maximiliansbrücke (Litho von Karl Heinzmann, ca. 1825), rechts das Brunnhaus im Brunnthal, in der Ferne Bogenhausen.

1.33 Maximilianswerk

Auf den ersten Blick könnte man es für ein kleines Lustschlösschen halten – heruntergekommen zwar und von Graffiti besprüht, aber dennoch. Damit kein hässliches Industiegebäude die Optik des nahen Maximilianeums verschandelte, baute Carl Hocheder das Laufwasserkraftwerk 1895 ganz im Stil eines Schlösschens. Das Maxwerk wird von den Stadtwerken betrieben und vom Auer Mühlbach angetrieben. Ursprünglich zogen Fran-

cis-Turbinen die Energie, bei Umbauarbeiten 1953 wurden sie aber durch Propeller-Turbinen ersetzt. 1976 ersetzte man den Gleichstromgenerator durch einen Wechselstromgenerator. Das Maxwerk leistet 410 kW und zählt zu den ältesten Wasserkraftwerken Bayerns, die noch in Betrieb sind.

1.34 Konrad Wilhelm Röntgen

Nein, in München fühlte Konrad Wilhelm Röntgen sich nie richtig wohl. Er klagte 1907 in einem Brief, »wie abgeschlossen ich in München lebe, und wie es mir dort an einer geistigen Anregung fehlt.« Seit dem Jahr 1900 lehrte der Erfinder der X-Strahlen, für die er 1901 den ersten Physik-Nobelpreis überhaupt bekam, als Professor in München. Zunächst wohnte er mit seiner Familie in der Prinzregentenstraße 6. Doch 1919 verstarb seine geliebte Frau, Röntgen zog um nach Haidhausen in die Villa Maria-Theresia-Straße 11. Im gleichen Jahr emeritierte der introvertierte Mann. Am 10. Februar 1923 starb der vereinsamte Röntgen in seiner Haidhauser Villa an Darmkrebs. Er ist in Gießen begraben.

1.35 Villa Stuck

Von wegen, Künstler werden erst nach ihrem Tod berühmt und ihre Erben reich. Neben mehreren anderen Münchner Malerfürsten wie Franz von Lenbach oder Friedrich von Kaulbach konnte auch Franz von Stuck bestens von seinem Talent leben. Der 1863 in Tettenweis geborene Müllersohn kam als 19-Jähriger nach München, um an der Kunstgewerbeschule Grundtechniken der Malerei zu erlernen. Bald wechselte er an die

Kunstakademie und machte sich schon früh einen Namen als Illustrator. 1889 traute er sich das erste Mal, eines seiner Gemälde bei der großen Kunstausstellung im Glaspalast der Öffentlichkeit zu präsentieren. Mit durchschlagendem Erfolg, sein »Wächter des Paradieses« bekam die Goldmedaille und fand für 60.000 Goldmark einen Käufer. Stuck wurde über Nacht zum Kunststar. Prinzen und Potentaten, sogar der russische Zar, buhlten um seine Werke. Stuck liebte die Provokation, seine oft erotischen Gemälde umwehte immer ein Hauch von Skandal. Auch als er schon längst etabliert war, beschlagnahmte die Polizei seine Bilder wegen »Gefährdung von unreifen Personen«. Franz Stuck, der als leidenschaftlicher Turner mindestens genauso auf

① Gasteig/Auf der Lüften

Im Garten der Villa Stuck

Selbst ist der Künstler: Franz von Stuck posierte für sein Gemälde *Salome.*

seinen Körper achtete, wie seine Aktmodelle es tun mussten, heiratete 1897 Mary Lindpaintner, die sehr vermögende Witwe eines amerikanischen Arztes. Finanziell nun von allen Sorgen befreit entwarf Stuck eine Villa, die er sich 1897/98 an der Prinzregentenstraße bauen ließ. 1914/15 kam das Atelier als Erweiterungsbau hinzu. Stuck gestaltete ein Gesamtkunstwerk nach seinen Wünschen, auch die Möbel entwarf er. Kurz vor seinem Tod bekam Stuck 1928 den Ehrendoktortitel der TU München für seine planerische und künstlerische Leistung verliehen. Alleinerbin von Vermögen und Villa sollte laut Testament Stucks uneheliche Tochter Mary Heilmann sein. Doch da auch die Witwe Anrecht auf einen Teil des Erbes hatte, wurde das Anwesen versteigert. Ein Mitglied aus Marys angeheirateter, schwerreicher Verwandtschaft, der Bauunternehmerdynastie Heilmann, erhielt für 351.000 Mark den Zuschlag.

Im Jahr 1965 kaufte das Ehepaar Hans-Joachim und Amélie Ziersch die vom Krieg schwer in Mitleidenschaft geratene Villa und ließ sie sachkundig renovieren. Zwei Jahre später schenkte das Ehepaar Ziersch die Künstlervilla dem gemeinnützigen Stuck-Jugendstil-Verein, mit der Vorgabe, das Anwesen später der Stadt München zu überlassen. 1992 ging die komplette Schenkung in den Besitz der Stadt über. Im gleichen Jahr eröffnete das Museum Villa Stuck. Nur sechs Jahre später wurde die Villa vom Architektenbüro Kiessler und Partner umgebaut. Der Eingang liegt seitdem zwischen beiden Gebäudeteilen, die sich nun unabhängig voneinander bespielen lassen. Eine neue Haupttreppe verbindet alle Ebenen beider Häuser. Der Ateliertrakt wurde in seinen ursprünglichen Zustand zurückversetzt, eine 1945 eingezogene Zwischendecke entfernt. Das Bildhaueratelier im Erdgeschoss und das Malatelier im ersten Stock verbindet nun eine offene Wendeltreppe. Im ehemaligen Dienstbotentrakt und der Garage befinden sich heute Verwaltungsräume. Hinter den Gebäuden, von der Straße nicht einsehbar, ist ein kleiner Garten, der nach pompejanischem Vorbild angelegt wurde. Neben den historischen Wohn- und Atelierräumen Franz von Stucks sowie Objekten aus der Zeit um 1900 bietet das Museum wechselnde Sonderausstellungen.

1.36 Friedensengel

Hart an der Grenze zwischen Haidhausen und Bogenhausen steht ein Münchner Wahrzeichen: der Friedensengel. Er ist Teil der Maximiliansanlagen, die sich vom Gasteig bis nach Bogenhausen erstrecken, und bildet einen städtebaulichen Akzent am Isarhochufer inmitten der Prinzregetenstraße. Kommt man über die Prinzregentenbrücke, empfängt einen erst einmal auf Straßenniveau ein Brunnen, dessen zentrale Fontäne von vier wasserspeienden Delfinen umgeben ist, auf denen Putten reiten. Von hier führen zwei Treppen zur Aussichtsterrasse, auf der eine 38 m hohe korinthische Säule mit dem Friedensengel in den Himmel ragt. Der 6 m hohe Engel ist eine Nachbildung der Nike des Paionios, er ist also eigentlich eine Siegesgöttin. Der Friedensengel soll an 25 Jahre Frieden nach dem deutsch-französischen Krieg von 1870/71 erinnern, daher erfolgte die Grundsteinlegung der Anlage 1896. Heinrich Düll, Georg Pezold und Max Heilmaier schufen die vergoldete Bronzefigur, die am 16. Juli 1899 enthüllt wurde. Der kleine Tempel unter der Säule enthält Porträts von Wilhelm I., Friedrich III., Wilhelm II., Reichskanzler Otto von Bismarck und der Generäle Helmuth von Moltke, Albrecht von Roon, Ludwig von der Tann, Jakob von Hartmann und Siegmund von Pranckh. Vier Goldmosaike zeigen Allegorien von Krieg und Frieden, Sieg und Segen für die Kultur. 1981 drohte der Engel abzustürzen, beim Herunternehmen wurde er schwer beschädigt, weshalb beim heutigen Engel nach zweijähriger Renovierungszeit die Flügel und das Standbein nicht mehr in der Position des Originalengels sind.

1 Gasteig und auf der Lüften • Service

Je mehr man sich vom Gasteig dem Wiener Platz nähert, desto größer wird das Shopping- und Kneipenangebot. Pulsierende Hauptschlagader für Shopper und Kaffeedurstige ist das Gebiet zwischen Wiener und Max-Weber-Platz. Hier nur eine Auswahl, deren Aktualität wir leider nicht garantieren können:

Cafés • Kneipen

1 Café Haidhausen
Franziskanerstr. 4
beliebte Café-Kneipe am Rosenheimer Platz

2 Café im Müllerschen Volksbad
Rosenheimer Str. 1
Café mit Jugendstil-Ambiente; im Sommer kann man herrlich vor dem Volksbad im Freien sitzen

Café Maestro
Rosenheimer Str. 5
Café

Gelateria Italiana Venezia
Pariser Platz 4
Eisdiele, Eiscafé

Lavazza Caffè.
Ismaninger Str. 3
Café, Restaurant

Sarcletti Eiscafé
Max-Weber-Platz 3
Eiscafé

White Rabbit's Room
Franziskanerstr. 19
Bio-Tagescafé plus Laden

Essen

Athene
Max-Planck-Str. 7
griechisch

4 Bernard & Bernard
Innere Wiener Str. 32
französische Küche, vor allem Crepes und Galettes

Burger House
Franziskanerstr. 15
der Name ist Programm …

L'Osteria
Innere Wiener Str. 2
italienisch

9 Le Bousquérey
Rablstr. 37
französisch

Löwenschänke
Rosenheimer Str. 15
gutbürgerlich

Mamounia Marrakech
Innere Wiener Str. 18
marokkanisch-orientalisch

Monte Grappa
Einsteinstr. 98
italienisch

10 Nektar
Stubenvollstr. 1
hier liegt man loungig zu Tisch

Niawaran
Innere Wiener Str. 18
persich-orientalisch

Papillon
Innere Wiener Str. 18
griechisch

Ver o Peso
Rosenheimer Str. 14
brasilianisch

Wiener's
Ismaninger Str. 71a
österreichisch

Zum Gasteig
Rosenheimer Str. 15
Restaurant im City Hilton

Nachtleben

11 La Cicchetteria Bar
Innere Wiener Str. 38
Bar-Lounge für das Gläschen mehr …

12 Muffathalle im Muffatwerk
Zellstr. 4
Das Praktische am Muffat-Areal ist, dass sich hier keine Anwohner gestört fühlen, daher ist der Biergarten lange geöffnet; der Ampere Club und das Cafe sind nur bei Veranstaltungen geöffnet

Café Maximilian Höppe
Preysingstr. 29
Café, Eisdiele

Café Pinguin
Max-Weber-Platz 9
Café und Restaurant

3 Café Wiener Platz
Innere Wiener Str. 48
Café, Bar, Bistro

Das Caféhaus
Rosenheimer Str. 1
Café

Eiscafé Marco Polo
Franziskanerstr. 14
Eiscafé

5 Celebrita
Wiener Platz 4
italienisch, mediterran

6 Chopan II
Rosenheimer Str. 2
afghanisch

7 Gast
Rosenheimer Str. 5
die andere Art des Selbstbedienungsrestaurants

Kam Yi
Rosenheimer Str. 32
chinesisch

8 Kuchelverzeichnis
Rosenheimer Str. 10
gutbürgerlich

Pizzesco
Rosenheimer Str. 12
italienisch

Ritzi
Maria-Theresia-Str. 2a
Hotel, Restaurant, Bar

Sahib
Gallmayerstr. 2
indisch

Sandro pasta-per-tutti
Ismaninger Str. 17
italienisch

Tse-Yang
Rosenheimer Str. 4
chinesisch

Kino

13 Rio Filmpalast
Rosenheimer Str. 46
Familienkino

Bücher

14 Buchhandlung am Gasteig
Rosenheimer Str. 12

15 Buchhandlung Waldmann
Innere Wiener Str. 59

② Haidhausen und Franzosenviertel

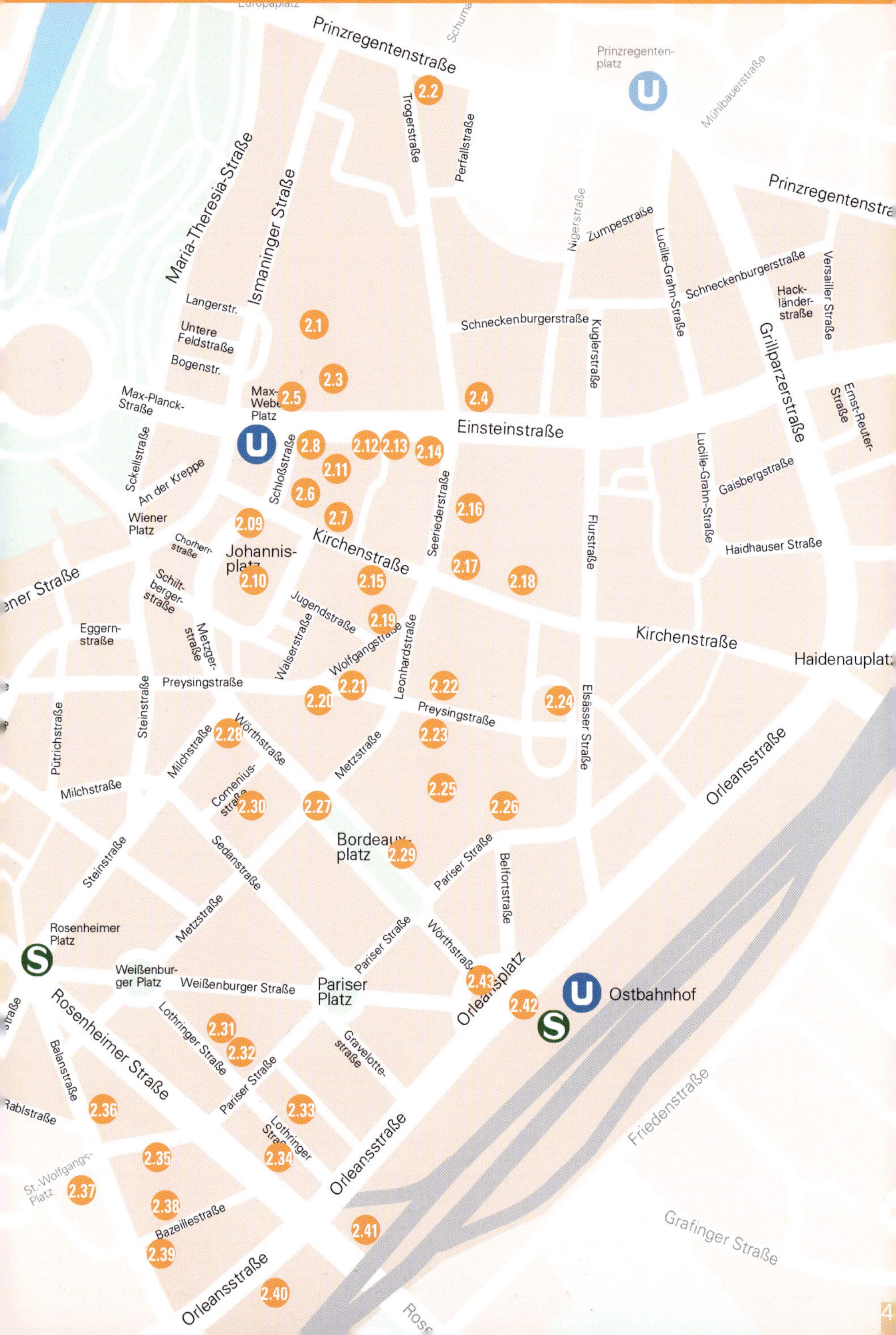

2.1 Klinikum rechts der Isar

Zu Kaffee und Kuchen traf sich die Haidhauser Society schon längst nicht mehr im Kaffeehaus der Hartschierswitwe (Hartschier = Leibgardist) Anna Kurz, das an der Ismaninger Straße zwischen Haidhausen und Bogenhausen lag. Das zweigeschossige Gebäude stand leer. Just da suchte die Gemeinde dringend Räume für ein neues Krankenhaus. Bis Juni des Jahres 1830 konnten die Haidhauser zehn für sie reservierte Krankenhausplätze im Allgemeinen Krankenhaus München nutzen. Doch Haidhausen konnte schon seit drei Jahren die Rechnungen nicht mehr zahlen und daher kündigte der Münchner Magistrat fristlos. Was tun? Gemeindeschreiber Max Weber (nach dem der Max-Weber-Platz benannt ist) und Armenarzt Dr. Winterhalter entwickelten einen Finanzierungsplan und schließlich pachtete die Gemeinde das alte Kaffeehaus. Dank zahlreicher Spenden konnte man es umbauen und am 1. Mai 1834 als »Haidhauser Kranken- und Armenversorgungsanstalt« eröffnen. In dem Haus mit 34 Allgemein- und 2 Seperatbetten arbeiteten ein Spitalsarzt, ein Hausmeister und ein Rechnungssteller. Dabei gehörte zu den Aufgaben des Hausmeisters auch Krankenpflege, Wäschewaschen, Holzhacken und Kochen, außerdem ließ er die Kranken zur Ader, rasierte, frisierte und badete sie. Moderne Krankenhaushygiene suchte man vergeblich. Es gab ein Bad und zwei Toiletten. Das Krankenhaus war auch für die Armen und Kranken aus der Au und des Spitals am Gasteig zuständig. Um die Einrichtung finanziell abzusichern, führte die Gemeinde eine Art Krankenversicherung ein. Jeder arbeitende Haidhauser musste jährlich einen kleinen Betrag für das Krankenhaus abzwacken.

Vier Jahre später kaufte die Gemeinde das Anwesen und übertrug im selben Jahr dem Orden der Barmherzigen Schwestern vom hl. Vinzenz von Paul die Krankenpflege. Schon 1843 musste Haidhausen das Krankenhaus erweitern und verhandelte mit Privatier Wilibald Brodmann über den Erwerb des Schlösschens Haidenau. Die Gemeinde bot 9.200 Gulden, doch das Kloster der Frauen vom guten Hirten hatte ebenfalls einen begehrlichen Blick auf das Anwesen geworfen und überbot die Gemeinde um 800 Gulden. Also musste man am alten Standort bleiben und sich auf benachbarte Äcker ausdehnen.

Biergarten der Kantine des MRI

Mit der Eingemeindung nach München im Jahr 1854 ging die Umbenennung in Krankenhaus rechts der Isar einher. Durch einen Neubau stieg die Kapazität auf 159 Betten. Doch Haidhausen boomte und die steigende Bevölkerungszahl sorgte im Klinikum für permanente Platznot. Es wurden eifrig Pavillons und Verbindungstrakte angebaut. 1892 riss man schließlich das Urkrankenhaus, das ehemalige Kaffeehaus, ab und erbaute im Stil der Gründerzeit das heutige Verwaltungsgebäude. Bis Ende 1902 hatte man durch die Neubauten Platz für 736 Betten.

Während der Erste Weltkrieg sich hauptsächlich auf die Personalsituation auswirkte (Hilfskräfte und Studenten

Das Klinikum ca. 1914

Der Kassier führt Geisel Ingrid Reppel (mit schwarzer Kapuze) zum bereitstehenden Fluchtwagen.

2.2 Deutschlands 1. Banküberfall mit Geiselnahme

Der 4. August 1971 war ein heißer Sommertag. Doch nicht das schöne Wetter war der Grund, warum sich auf der Terrasse des Restaurants von Feinkost Käfer an der Prinzregenten-/Ecke Trogerstraße die Menschen drängten. Es gab was zu sehen: Gegenüber in der Bank hielten bewaffnete Täter mehrere Menschen fest. Alle wollten dabei sein. Das Bayerische Fernsehen kam mit Ü-Wagen und sendete den ganzen Abend lang live vom Tatort.

Kurz vor 16 Uhr waren zwei maskierte Männer in die Deutsche-Bank-Filiale an der Ecke Troger-/Prinzregentenstraße gekommen. Von den 17 Anwesenden nahmen sie fünf als Geiseln, die anderen durften gehen. Als ihr Sprachrohr wählten die Täter, die sich als Terrorkommando »Rote Front« ausgaben, den Kassierer. Er musste die Forderungen durchgeben: 2 Mio. D-Mark!

Bei der Polizei brach Hektik aus. Niemand wusste, wie man mit dieser völlig neuen Art von Verbrechen umgehen sollte. In Europa hatte es erst ein einziges Mal zuvor eine Geiselnahme in einer Bank gegeben. Bald wurde klar: Die Sache mit der Terrorgruppe war nur ein Täuschungsmanöver. Aber noch konnte niemand ahnen, dass es sich bei den Geiselnehmern um die Kleinkriminellen Hans Georg Rammelmayr (31) und Dimitr T. (24) handelte.

In der Bank entspannte sich die Lage, die Gangster gaben sich zuvorkommend. Man plünderte den Kühlschrank, trank Sekt und Bier und kochte Kaffee. Als allen der Magen knurrte, bestellte man kurzerhand bei gegenüber Feinkost Käfer gegenüber. Ein ein Polizist und mehrere Köche legten die reichhaltige Verpflegung inklusive Cognac (die Deutsche Bank übernahm die Kosten) vor die Tür. Danach ließen sich die Täter alles Bargeld aus den Tresoren aushändigen. Da soll einer der Geiseln gefragt haben: »Meine Herren, was bekommen wir eigentlich dafür, dass wir den Telefondienst machen?« Jede Geisel bekam rund 1.000 DM. Nur der Kassierer nahm nichts.

Auch vor der Türe herrschte Stimmung wie bei einem Volksfest. Um 21 Uhr 10 durchbrach die neugierige Menge die Polizeiabsperrung an der Ismaninger Straße. Es brauchte sogar eine halbe Hundertschaft, um die Käfer-Terrasse von Gaffern zu räumen. Das Ultimatum 22 Uhr verstrich, schließlich war es schon dreiviertel elf, als Polizeipräsident Schreiber mitteilte, dass das Geld bereitstehe, ebenso der gewünschte Fluchtwagen, ein dunkelblauer BMW 1800.

Die Täter hatten der Polizei genaue Anweisungen zur Übergabe gegeben. Ein Täter würde mit einer Geisel und dem Geld wegfahren. Er dürfe weder verfolgt noch angehalten werden. Er würde das Geld an einen sicheren Ort bringen und dann mit der Geisel zurückkehren. Dann würde der andere Täter mit einer weiteren Geisel ins Auto steigen. Die Geiseln würden dann irgendwo freigelassen. Kriminaldirektor Reinhard Rupprecht übernahm die Rolle des Geldboten und trug die Tasche vor die Bank. Die Banktür öffnete sich, heraus kamen der Kassierer und die Geisel Ingrid Reppel (20), die sich freiwillig gemeldet hatte. Der Kassierer verstaute alles Geld im Auto und setzte die Geisel hinein. Nun kam Hans Georg Rammelmayr mit dem Maschinengewehr und einem Revolver bewaffnet aus der Bank. Sofort ging ein Blitzlichtgewitter der wartenden Pressefotografen los, die Menge johlte.

Rammelmayr wäre die perfekte Zielscheibe gewesen. Der Zugriff hätte in diesem Moment erfolgen müssen. Doch niemand wusste, wann wer auf wen schießen sollte. Es gab keine Funkverbindung. Was bis hier nach einer Kriminalgroteske klingt, endete blutig. Rammelmayr erreichte gerade die offene Autotür, als der erste Schuss fiel. Rammelmayr brach zusammen – Bravorufe aus der geifernden Menge. Eine wilde Schießerei begann. Irgendjemand schrie: »Holt denn niemand die Frau raus?« Bürgermeister Dr. Hans Steinkohl, im nicht-politischen Leben Chirurg, rannte durch den Kugelhagel zum Auto, zog Ingrid Reppel heraus und hetzte mit der Schwerverletzten zurück zum nächsten Notarztwagen.
Währenddessen versuchten Polizeikräfte die Hintertür der Bank mit einem Pickel und Schüssen aufzubrechen. Auch der Sturm auf die Bank von vorne wurde keine Ruhmestat: Mit Schuhabsätzen, Gewehrkolben und einem Beil gelang es erst nach zähen Minuten, eine Schaufensterscheibe einzuschlagen. Als die Beamten den Stahlschrank erreichten, hinter dem sich T. mit einer weiblichen Geisel verschanzt hatte, warf sich die Geisel schützend vor den Täter: »Aufhören! Er hat mir doch nichts getan!« Ein Polizist schlug die Frau mit dem Knauf seiner Waffe nieder. Dimitr T. war zu diesem Zeitpunkt bereits unbewaffnet.
Ingrid Reppel erlag um 1 Uhr 10 im Krankenhaus rechts der Isar ihren Verletzungen. Hans Georg Rammelmayr starb noch am Tatort.
Der 25-jährige Dimitr T. verriet nie, ob es weitere Komplizen gab. Er besaß zum Zeitpunkt des Überfalls noch genau 20 Pfennig in bar. Er lebte bei seiner Mutter. Obwohl der Geiselnehmer niemanden getötet hatte, wurde er wegen versuchten Polizistenmordes mit bedingtem Vorsatz zu lebenslänglicher Freiheitsstrafe und wegen Raubes, Waffenbesitzes, Vergehen gegen das Sprengstoffgesetz sowie fahrlässiger Tötung zu 15 Jahren Haft verurteilt. Ein bis heute höchst umstrittenes Urteil. 1993 kam T. vorzeitig frei. Er lebt in München.

Dimitr T. nach seiner Festnahme

2.3 In der Grube

Neben der Kreppe und der Schwaige war »In der Grube« eines der großen Herbergsgebiete Haidhausens. Schon früh, vermutlich bereits vor 1600, besiedelten die ersten Tagelöhner diese aufgelassene Kiesgrube an der Kreuzung der Straßen nach Ismaning und nach Wien. Von den 48 Häusern, die man 1861 in der Grube zählte, waren 37

Die Anwesen in der Grube 28 und 29 im Jahr 1905

Anwesen, in denen sich 140 Herbergen befanden. Dabei gab es sogar ein Anwesen mit sieben und eins mit neun Herbergen. Die Siedlung war, wie alle Herbergssiedlungen, wild und ohne Plan entstanden, jeder baute, wie es ihm gefiel, jeder dekorierte sein Haus, seine Herberge nach Gutdünken. Diese bunte vermeintliche Idylle zog besonders im späten 19. Jahrhundert viele Künstler an, die in der Grube begeistert malten und fotografierten. Der Großteil der Grubenbewohner waren Tagelöhner, aber es gab auch 15 Maurer und 17 Zimmerleute sowie Heubinder, Lumpensammler, einen Schäfer und sogar eine Musikerwitwe.
Das Aus für die Grube kam vor allem durch den Ausbau des Krankenhauses rechts der Isar. Das letzte Herbergsanwesen wurde erst 1956 für einen Erweiterungsbau der Klinik weggerissen. Das Gelände der Grube ist heute mit Hörsälen und der Mensa überbaut.

2.4 An der Schwaige

Wie die benachbarte Herbergssiedlung »In der Grube« ging auch »An der Schwaige« zum Großteil im Gelände des Klinikums rechts der Isar auf. Die Herbergen standen links und rechts entlang der Farbmachergasse, die an der Trogerstraße endete und parallel zur Straße nach Wien (heute Einsteinstraße) bis 1856 existierte. Die Häuser sollen von der Substanz her etwas besser als die in der Grube gewesen sein. 13 Häuser standen an der Nordseite der Farbmachergasse. Drei von ihnen hatten Ein-

Lehrerwohnung um. Es wurden zwei Lehrer eingestellt, Haidhausen hatte seine gemeindeeigene Schule. Im Jahr 1832 konnte endlich verkündet werden, dass die Zahl der schulpflichtigen Kinder mit der Zahl der Schüler übereinstimmte. Die Schülerzahl stieg stetig weiter. 1844 besuchten 538 Kinder die Schlossschule, an der nun fünf Lehrer unterrichteten. Die Verwaltung forderte, dass die Koedukation nun ein Ende haben müsse, Knaben und Mädchen sollten getrennt unterrichtet werden. Doch wo? Schließlich fand sich durch einen Grundstückdeal eine Lösung mit den Schwestern des Klosters vom Guten Hirten. Die Nonnen übernahmen die Mädchen 1850 und richteten eine Schule ein. Aber auch hier herrschte Raummangel und 21 Jahre später fand das Kloster keine geeigneten Lehrerinnen mehr für die niedrigen Klassen. In der Folge wickelte sich die Klosterschule selbst ab. Ab 1877 wurden keine neuen Schülerinnen mehr angenommen, sondern an die weltliche Schule verwiesen.

Die Schloss-Schule musste dringend erweitert werden. Sie bekam zwischen 1873 und 1875 zwei neue moderne Gebäudeflügel nach Plänen des Architekten August von Voit. Ein Tropfen auf den heißen Stein, denn 1881 gingen 1.803 Kinder auf die Schule, in jeder Klasse rund 70 Schüler. Die Idee, einige Klassen an die Schule in der Au am Mariahilfplatz zu verlegen, scheiterte am Widerstand der Bevölkerung. So baute man 1882 in der Kirchenstraße eine Schulbaracke. Auch das reichte nicht lange.

Die Feuerwache mit dem Brausebad

Schon ein Jahr später fiel die Entscheidung zum Bau einer weiteren Schule an der Ecke Milch-/Wörthstraße.

Die Feuerwache

Erst mit dem Schulneubau an der Kirchenstraße wurde die alte Schloss-Schule überflüssig. 1893 riss man sie ab. Dadurch wurde kurzfristig die 5. Kompanie der freiwilligen Feuerwehr ihres Löschgerätelagers in diesem Gebäude beraubt. Doch ein Jahr später war das neue Feuerwehrhaus an der Ecke Schloss-/Kirchenstraße nach Plänen von Karl Hocheder fertiggestellt, das praktischerweise mit einem Brausen- und Wannenbad kombiniert war.

2.6 Das Hofmarkschloss

Nach dem Dreißigjährigen Krieg interessierte sich zunehmend der Münchner Adel für das Dorf Haidhausen. Der Geheimrat und Kämmerer Franz Ponkratz von Leiblfing kaufte 1674 ein großes Anwesen ganz in der Nähe des heutigen Max-Weber-Platzes von der Münchner Bürgerfamilie Holzhauser, welches aus zwei Häusern, einem Lustgarten und einer Heiligkreuz-Kapelle bestand. Es gelang dem Reichsgrafen im Jahr 1683, dass ihm Kurfürst Max Emanuel Haidhausen mit seinen 44 tributpflichtigen Untertanen als Hofmark zusprach. Damit konnte Leiblfing Steuern und Abgaben einziehen sowie die niedere Gerichtsbarkeit ausüben. Der Hofmarkherr hatte also für Recht und Ordnung zu sorgen und war in fast allen juristischen Angelegenheiten, außer bei Kapitalverbrechen wie Mord etc., der zuständige Richter. Haidhausen blieb aber eine offene Hofmark, das bedeutete, dass es noch Besitzungen anderer Lehensherren gab. So hatten das Leprosenhaus am Gasteig, die Grafen Preysing, die Herren von Ridler, die Jesuiten sowie der Kurfürst Land und Untertanen in Haidhausen. Reichsgraf von Leiblfing überredete den Kurfürsten schließlich, Haidhausen in eine geschlossene Hofmark mit nur einem einzigen Herren, nämlich Leiblfing, umzuwandeln. 1692 war es soweit. Nach seinem Tod 1699 verkauften die Erben Haidhausen für 12.000 Gulden an den Grafen Paul von Fugger-Kirchberg-Weißenhorn. Als der dreißig Jahre später starb, wurde seine Witwe Herrin über das Dorf. Die Fuggers sorgten dafür, dass Haidhausen bei der Besetzung Bayerns durch die Österreicher im Spanischen Erbfolgekrieg verschont blieb. Paul von Fuggers Sohn Carl Joseph stand in österreichischem Dienst und erreichte, dass Haidhausen von allen Lasten wie Einquartierung von Militär und Beschlagnahmungen verschont blieb und zudem kaiserlichen Schutz bekam.

Gräfin Fugger vermachte das Schloss schließlich ihrem Sohn aus erster Ehe Maximilian Cajetan von Törring-Seefeld. Dieser Max Cajetan verschenkte Haidhausen mit allen Rechten, mit Mann und Maus gar an seine Ge-

Das Hofmarkschloss im Jahr 1730

liebte und Mutter seiner zwei unehelichen Kinder, die Freyin Maria Antonia Rosina von Pfitschenthal (auch Maria von Wippenheim genannt). Nach heftigen Erbstreitigkeiten kam Haidhausen schließlich wieder zurück an die Familie von Graf Anton Törring-Seefeld. Schon 1799 verkaufte Graf Anton den Großteil des Gartens an den Metzgermeister Peter Sailer. Auf diesem »Metzgeranger« wurde später die 1879 geweihte neue Johanniskirche erbaut. Nach dem Tod von Graf Anton 1812 wurde die Hofmark langsam aufgelöst. Dazu trug auch bei, dass die Regierung und vor allem der Innenminister den Törring-Seefelds einen viel zu laschen Umgang mit dem Gesindel und Bettlern, die sich in der Au und in Haidhausen breit machten, vorwarfen. Die Grafen verkauften das Schloss an den Bogenhauser Pfarrer Hallmayr, der es der Gemeinde Haidhausen überließ, die wiederum eine Schule darin einrichtete. Das kleine Sommerhaus, das »Salettl«, erwarb der Historienmaler und Akademiedirektor Johann Peter Langer (siehe 2.8.). Den Rest der Hofmark bot die Familie Törring der Stadt München zum Kauf an. München kaufte Haidhausen am 24. Juli 1824 für 70.000 Gulden. Die Staatsregierung protestierte heftig dagegen, sie wollte selbst Haidhausen erwerben und der Kauf musste rückgängig gemacht werden. 1826 schließlich kaufte der bayerische Staat den Ort für 64.000 Gulden und machte aus Haidhausen eine Landgemeinde.

2.7 Schule an der Kirchenstraße

Die alte Haidhauser Schule im ehemaligen Schloss musste dringend erweitert werden. Neue Anbauten halfen nur kurz, denn 1881 gingen 1.803 Kinder auf die Schule, das bedeutete rund 70 Schüler pro Klasse. Ausweichklassen in der Schule in der Au am Mariahilfplatz zu schaffen stieß auf breiten Widerstand, denn der Schulweg war weit. So baute man 1882 westlich der alten Kirche in der Kirchenstraße eine Schulbaracke mit vier Klassenzimmern. 1890 ließ die St. Vincentinus-Vereins-Conferenz auf dem unmittelbar angrenzenden Grundstück ein Knabenasyl erbauen. Leider gingen dem Verein noch während der Bauarbeiten die Gelder aus. Die Stadt München kaufte den Rohbau für 125.000 Mark und ließ ihn zu einem Schulhaus mit Haupt- und Nebengebäude, mit Volksbibliothek, Kinderkrippe und Räumen für die Armenpflege umbauen. Die Räume konnten 1893 bezogen werden. Die neue Schule bedeutete eine enorme Entlastung für die angespannte Situation. Die alte Schlossschule wurde umgehend geschlossen. Die benachbarte Hilfsschule an der Kirchenstraße zog 1904 in das Nebengebäude der neuen Schule. Im gleichen Jahr bekam die Schule eine neue Turnhalle mit einem Schulbrausebad im Keller.

Nach dem Ersten Weltkrieg bezogen die Rotgardisten im Frühjahr 1919 in der Kirchenschule Quartier. In München war die Räterepublik ausgerufen worden und blutige Straßenkämpfe zwischen den Roten und den rechtsradikalen »Weißen« forderten zahlreiche Todes-

Schloss- und Kirchenschule nebeneinander

opfer. Am 28. April 1919 verschleppten Rotgardisten Anton von Arco-Valley als Geisel in die Schule. Der bekennende Antisemit Arco-Valley hatte zwei Monate zuvor den ersten bayrischen Ministerpräsident Kurt Eisner auf offener Straße erschossen, um seine »rechte« Gesinnung zu beweisen. Der dabei selbst schwer verletzte Mörder lag zuvor in der chirurgischen Klinik. Arco sollte am nächsten Tag zu anderen Geiseln ins Luitpoldgymnasium an der Müllerstraße verlegt und dort hingerichtet werden. Er entging seinem Schicksal nur, weil sich zwei Haidhauser Ärzte und Dr. Hildegard Menzi, eine enge Vertraute von Rudolf Egelhofer, dem Oberkommandierenden der Roten Armee, für Arco einsetzten und schließlich für dessen Rücktransport in die Klinik sorgten. Warum Arco gerettet wurde, ist bis heute unklar. Arco bekam später von der schon damals auf dem rechten Auge blinden Justiz das mildeste denkbare Urteil, war 1924 wieder ein freier Mann und starb erst viel später bei einem Verkehrsunfall.

1934 ließ die Stadt die Schule grundlegend renovieren, alle Räume bekamen elektrisches Licht und fließend Wasser. Während des Zweiten Weltkriegs dienten die Haidhauser Schulen u. a. als Truppenquartiere oder als Massenquartiere für Kriegsgefangene. In der Kirchenschule waren russische Zwangsarbeiter kaserniert. Das Gebäude brannte in den Bombennächten fast nieder. Erst 1947 bekam es ein neues Dach, 1952 waren dann alle Renovierungs- und Neubaumaßnahmen für die Grundschule abgeschlossen. Ein Jahr später konnte auch das renovierte Nebengebäude wieder von der Hilfsschule, der heutigen Schule zur Lernförderung, bezogen werden. 1959 entstand im Schulhof ein Kindergarten nach Plänen von Fritz Borst. Von 1990 bis 1993 erfolgte eine komplette Sanierung und Neugestaltung der Schule durch die Architekten Claus+Forster.

2.8 Das Langerschlössl

»Meine Herren, es gibt nur drei wahrhaft große Künstler: der erste war Raffael, der zweite ist mein Sohn und den dritten verbietet mir die Bescheidenheit Ihnen zu nennen!«, sagte Akademieprofessor Johann Peter Langer ohne jegliche Ironie zu seinen Schülern. Langer, 1756 als Sohn eines Gärtners in Calcum bei Düsseldorf geboren, trug eine völlig übersteigerte selbstverliebte Hybris vor sich her, mit der er sich viele Feinde schuf – aber auch Bewunderer. 1784 wurde er Professor an der Düsseldorfer Akademie, fünf Jahre später deren Direktor. 1806 holte ihn König Max I. Joseph nach München als Direktor der neuen Kunstakademie. Seine Gegner schäumten, nannten ihn einen »gut dressierten hölzernen Pedanten ohne alle Eigentümlichkeit.« Dass er künstlerisch eher Mittelmaß war, und dass ihm mit Peter Cornelius ein äußerst talentierter Konkurrent heranreifte, merkte er nicht. Während Cornelius sich internationalen Ruf ermalte und alle wichtigen Aufträge bekam, blieb Langer in seiner eigenen Wirklichkeit und suchte sich ein repräsentatives Anwesen im Münchner Umland. Praktischerweise bot in jenen Jahren Clemens von Törring-Seefeld das alte Hofmarkschloss in Haidhausen zum Kauf an. Langer erwarb für 4.400 Gulden das »Salettl« genannte Nebengebäude und baute es zu einer prächtigen Villa aus, die fortan Langerschlössl genannt wurde. Neben dem Haus kaufte Langer auch Land und errichtete entlang der Schloßstraße Mietshäuser. Nach Langers Tod 1824 erbte dessen Sohn Robert das Anwe-

Das Langerschlössl 1825 (Zeichnung von J. C. Cogels), im Vordergrund links Herbergen in der Grube

sen. Auch Robert war Akademieprofessor und auch er galt schon zu Lebzeiten als eher mittelmäßiger Maler, wobei er das selbstverständlich ganz anders sah. Robert von Langer, 1783 in Düsseldorf geboren, hinterließ zwar nicht als Künstler, dafür als Zentralgaleriedirektor Spuren. In dieser Position organisierte er die Einrichtung der Alten Pinakothek. Wie sein Vater starb auch Robert im Haidhauser Schlössl. Ein Jahr nach seinem Tod verkaufte die Cousine das Anwesen 1847 an Johann Riemer, der aus dem Langerschlössl die Gastwirtschaft »Schlosswirtschaft« oder auch »Riemerwirt« machte. Nach einigen Besitzerwechseln erwarb die Stadt München das Anwesen, um es abzureißen und dort Stallungen für die Pferde der neuen Trambahn zu schaffen (siehe 2.11). Es gab jedoch ein Problem: Robert von Langer hatte im Salon, der sich zum Garten öffnete, einen monumentalen Freskenzyklus geschaffen, der für Haidhausen kunstgeschichtliche Bedeutung hatte. Freilich, zuletzt vermietete der Gastwirt in diesem Raum Betten für wandernde Handwerksburschen, aber dennoch … Der Chemiker Adolf Keim versuchte, die Fresken zu retten. Er ließ sie auf eigene Kosten abtragen und in der neuen Handelsschule Herrnstraße anbringen. Die Stadt München hatte zuvor die Kostenübernahme abgelehnt. Man war der Meinung, dass Fotografien der Fresken zu archivieren genug an Denkmalschutz sei. Bomben des Zweiten Weltkriegs zerstörten die Schule und vernichteten die Langer-Fresken.

Zwei der zerstörten Langer-Fresken

2.9 Metzgeranger

1799 verkaufte der Hofmarkherr Törring-Seefeld den rund 10 Tagwerk (= ca. 37.000 m^2) großen Schlossanger an den Metzgermeister Peter Sailer, der den Platz schon zuvor gepachtet hatte. Fortan hieß das Gebiet »Metzgersailerwiese« oder »Metzgeranger«. 1830 erwarb der Krämer und Tafernwirt Alois Allein das Gelände, ließ es parzellieren und stückweise erschließen. Zunächst wurde der östliche Teil bebaut. 1840 erwarb der Frauenverein an der heutigen Ecke Johannisplatz/Jugendstraße ein Grundstück, um dort eine Kleinkinderbewahranstalt zu erbauen. Das zunächst einstöckige Häuschen wurde im Jahr 1900 durch einen größeren Neubau ersetzt und während des Ersten Weltkriegs nach der Gattin von König Ludwig III. in »Maria Theresia Anstalt« umbenannt. 1923 übernahm die katholische Jugendfürsorge die Anstalt. Der Großhändler Emanuel J. Trost kaufte 1842 den bereits auf 8 Tagwerk (= ca. 28.000 m^2) geschrumpften Metzgeranger, parzellierte weiter und verkaufte die Baugrundstücke an Investoren und Spekulanten. Als Trosts Schwiegersohn, der Großhändler Moritz Lion, den restlichen Anger an die Gemeinde Haidhausen für 16.000 Gulden als Bauplatz für die neue Johanniskirche veräußerte, war das Grundstück nur

noch rund 7 Tagwerk (= ca. 25.000 m²) groß. Der Platz wurde 1856 in St. Johannis-Platz umbenannt. Nach Fertigstellung der Kirche 1874 fanden auf dem Platz zunächst auch Dulten statt: die Dreikönigsdult bis 1877, dann wurde sie ganz eingestellt, und die Jakobidult bis 1903, dann verlegte man sie auf den Mariahilfplatz in der Au. Das freie Areal wurde nach dem Ende der Dulten ab 1904 zur Grünanlage umgestaltet.

2.10 St. Johann Baptist

Der Bau der neuen Pfarrkirche drohte zur Unendlichen Geschichte zu werden, dabei hatte alles ganz hoffnungsvoll begonnen. Weil die alte Kirche in Haidhausen längst aus allen Nähten platzte, verfolgte Gemeindepfarrer Johann Georg Walser hartnäckig sein großes Ziel: den Bau einer neuen Pfarrkirche. Um Gelder aufzutreiben reiste Walser durch ganz Bayern, was ihm den Namen »Bettler von Haidhausen« einbrachte. Er scheute sich auch nicht, bei den Ärmsten

Bau der Johanniskirche 1858 von der Kreppe aus gesehen

noch mit der Sammelbüchse aufzukreuzen. Und einen idealen Bauplatz hatte er auch schon im Auge: den Metzgeranger. Am 11. Juli 1849 schließlich war es so weit, die Gemeinde Haidhausen kaufte das sieben Tagwerk große Grundstück für 15.400 Gulden von dem Großhändler Moritz Lion, der 500 Gulden vom Kaufpreis gleich für die neue Kirche spendete. 1851 überließ die Gemeinde den Bauplatz dem Kirchenbauausschuss. Die Grundsteinlegung erfolgte am 29. Mai 1852. Doch dann geriet das Projekt ins Stocken. Zwei Jahre später wurde Haidhausen nach München eingemeindet und plötzlich stand die Frage im Raum, wer Eigentümer der im Bau befindlichen Kirche war. Die Stadt München sah sich als Rechtsnachfolger der Gemeinde Haidhausen und damit als Eigentümer. Das bischöfliche Ordinariat protestierte, schließlich hätte die Gemeinde Haidhausen der Kirche das Land zum Bau des Gotteshauses überlassen. Der Streit zog sich hin, die Kosten, die weiterhin die Stadt München trug, explodierten nebenbei, schließlich wurden die Bauarbeiten ganz eingestellt. Es kam zu Gutachten und Gegengutachten. Ein Gutachten bestätigte 1872, dass die Kirche der Stadt gehörte, und

der Magistrat beschloss, die neue Kirche den Haidhauser Katholiken »zur Benützung für die religiösen Bedürfnisse« zu überlassen. In diesem Falle, so schäumte das erzbischöfliche Ordinariat, würde man die Kirche einfach nicht weihen. Im Magistrat wurden inzwischen auch Stimmen laut, die fragten, was die Stadt eigentlich vom Besitz einer Kirche hätte. Die Streithähne landeten zuletzt vor Gericht, man prozessierte sich durch drei Instanzen, bis schließlich der »freiwillige« Vergleich gefunden wurde: Die katholische Kirche wurde Eigentümerin der neuen Johanniskirche, musste aber der Stadt 200.000 Mark Entschädigung für die bereits geleisteten Aufwendungen zahlen. 27 Jahre nach der Grundsteinlegung konnte die neue Pfarrkirche am 24. August 1879 geweiht werden.
Architekt Matthias Berger hatte die Kirche im Stil der Neugotik gestaltet. Durch den 97 m hohen Westturm mit seinem 2 m hohen Kreuz ist St. Johann Baptist heute die dritthöchste Kirche Münchens. Die Osttürme sind nur 60 m hoch. Von der ursprünglichen Ausstattung ist heute nicht mehr viel erhalten, da die Kirche im Krieg von Fliegerbomben schwer getroffen und anschließend nur vereinfacht wieder aufgebaut wurde.

Das ehemalige Trambahndepot

2.11 Das 1. Trambahndepot 2

Wer in der Frühzeit des öffentlichen Personennahverkehrs eine der Pferdestraßenbahnen nutzen wollte, musste nicht an Haltestellen warten, ein Handzeichen genügte und die Tram hielt auf Wunsch. Ob also die erste Tram, die am 21. Oktober 1876 durch München zockelte, wirklich schnell vorankam, darf bei 5.092 Passagieren am ersten Tag bezweifelt werden. Immerhin wurde auch der Münchner Osten schnell für die Tram erschlossen. Schon ab dem 21. Juni 1878 fuhr sie zum Haidhauser Bahnhof. Man brauchte also bald ein Depot in der Nähe. 1889 kaufte die Stadt das Grundstück des ehemaligen Langerschlössls an der Äußeren Wiener Straße 28 (heute Einsteinstraße) und baute ein 4.800 m^2 großes Depot. Hier fanden 180 Pferde und 54 Wagen Platz. Nach der Umrüstung auf elektrischen Betrieb kamen 36 Tramwagen unter. Mitte der 1920er Jahre reichte der Platz nicht mehr aus, der Betriebshof zog weiter in eine größere Anlage an der Seeriederstraße (siehe 2.16). Nur die Straßenbahndirektion, die seit 1899 an der Äußeren Wiener Straße ihren Sitz hatte, blieb bis 2001, dann zog sie in die neue Stadtwerkezentrale nach Moosach.

Herbergen In der Grube 38 im Jahr 1910, im Hintergrund das heute noch erhaltene Trambahndepot

Leben in den Herbergen

Herbergssiedlung »In der Grube« mit Blick Richtung Johanniskirche

Wie romantisch! Die kleinen Häuschen, die in Haidhausen (und außerdem in der Au und in Giesing) so zahlreich erhalten sind. Sie sind meist liebevoll hergerichtet, haben manchmal kleine Gärtchen und wirken auf uns heute so niedlich und kuschelig, wie Boten jener Zeit, die wir gerne als die gute alte verklären. Doch von wegen gute alte Zeit! Diese kleinen Häuschen sind die Überreste einst großer Herbergssiedlungen für die bitterarme Bevölkerung.

Leben in der Herberge bedeutete damals: Unter jedem Dach, in jedem Gebäude lebten zwei oder mehrere Familien in einem Raum. Der Begriff Herberge bezog sich dabei nur auf das jeweilige Stockwerk, nicht auf das ganze Haus. Diese Herberge, oft bestand sie nur aus einem einzigen Raum, dem sogenannte Gemach, war in der Regel das persönliche Eigentum der Bewohner. Es handelte sich also quasi um Eigentumswohnungen in einer Art Genossenschaftsbau. Gerade die Ärmsten der Armen verschuldeten sich dramatisch für dieses eigene Dach überm Kopf.
Jede Herberge hatte einen eigenen Eingang zur Straße hin, den der Besitzer nach Gutdünken und finanziellen Mitteln gestalten konnte. So entstand eine bunte Vielgestaltigkeit in den Herbergssiedlungen, die auf uns heute äußerst malerisch wirkt. Alles andere als malerisch waren aber die Lebensumstände. Vor allem die hygienischen Verhältnisse spotteten jeder Beschreibung. Wasser musste vom Brunnen geholt werden, als Toiletten gab es stinkende Abtritte für mehrere Bewohner. Die einzelnen Gemächer waren meist winzig klein, sehr niedrig, dunkel und feucht – noch dazu nicht oder kaum beheizbar. Die Häuser bestanden in der Regel aus Holz, das gerne faulte. Kein Wunder, dass die Herbergsviertel wahre Brutstätten für Seuchen waren. Wenn die Cholera in München und Umgebung wütete, waren in Haidhausen, in der Au und in Giesing besonders viele Tote zu beklagen.

Die Stadt fördert die Slums

Die Lehensherren und die Stadt München förderten lange die Ansiedlung von Herbergen, denn so konnte man aus schlechtem Land, das sich für den normalen Wohnungsbau nicht eignete, Kapital schlagen.
Dennoch waren selbst diese Unterkünfte heiß begehrt, denn viele Arbeiter und Handwerksburschen konnten sich das teure Bürgerrecht in München nicht leisten, und suchten daher möglichst nahe der Stadt eine Bleibe,

von der aus sie zur Arbeit in die Stadt pendelten. Selbst der mistigste Holzverschlag, zu dem nur eine wackelige Hühnerleiter führte, wurde noch vermietet. Der Auer Armenarzt Anselm Martin beschrieb 1837 die Situation in den Herbergen folgendermaßen: »Es gehört zu den gewöhnlichen Erscheinungen, zur Nacht sowohl den Keller, als alle übrigen Behältnisse eines Hauses bis zum höchsten Dachgemache mit Schlafenden aller Geschlechter und jeden Alters in Betten oder Stroh belegt zu finden, und außer Menschen auch noch alle Gattungen Hausthiere, Hunde, Katzen, Kaninchen, Vögel, Mäuse und dergleichen, so wie alle nur erdenklichen Handwerksgeräthe, Hausutensilien, alte, bereits halb verfaulte, zusammengesammelte Leinwand, zerbrochenes Glas, neugewaschene zum Trocknen aufgehängte Wäsche und dergleichen in den kleinsten, mit zurückstoßender Luft angefüllten Gemächern anzutreffen.« Und dann heißt es weiter: »Schwangerschaften sind in unserem Bezirke höchst zahlreich. Fast jedes Weib und mehr als die Hälfte unserer Mädchen befindet sich vom 18ten bis 40ten Jahre im Schwangerschaftszustande.« Dass eine verheiratete Frau 12 bis 16 Kinder gebar, war keine Seltenheit. Aber auch noch ledige Mädchen hatten in der Regel schon zwei bis drei uneheliche Kinder.

Der »Grafenwinkel« (oben): Zwei Herbergen wurden 1931 abgebrochen, um den Durchgang von der Jugend- zur Wolfgangstraße zu schaffen. Weitere Holzbauten fielen im Krieg den Brandbomben zum Opfer. Woher der Grafenwinkel seinen Namen hat, ist nicht ganz klar. Meist wird das Schloss der Grafen Preysing als Begründung angegeben. Doch so nah lag das Schloss auch wieder nicht. Wahrscheinlicher stammte der Name von einem ehemaligen Eigentümer der Anwesen namens Graf ab. Und tatsächlich gab es in Haidhausen eine alteingesessene Gärtnerfamilie Graf. In alten Katastereinträgen finden sich immer wieder Hausnamen wie »beym Grafen« (1792) oder »Grafenhaus« (1813).
Der Kartenausschnitt (u.) zeigt die Straßen und die Lage des Grafenwinkels 1859; weiß darübergelegt der heutige Straßenverlauf.

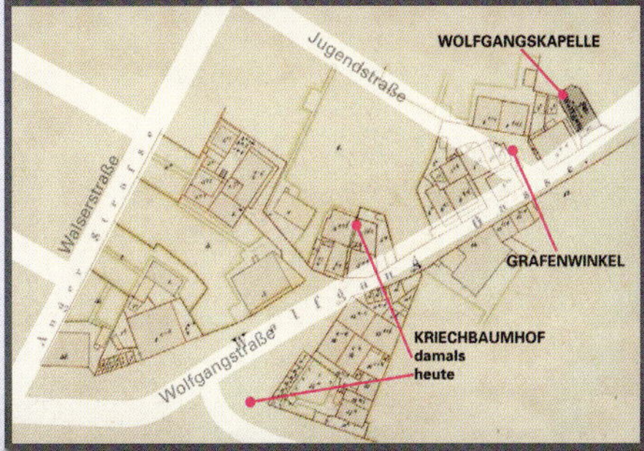

Leben in den Herbergen

Kinder vor einem Anwesen am Kuglerberg um 1900

Von den Neugeborenen überlebte ein Drittel bis die Hälfte nicht das erste Lebensjahr.

Herbergen umzingeln das Dorf

Die drei großen Haidhauser Herbergssiedlungen »An der Kreppe« (siehe auch S. 1.26), »In der Grube« (siehe auch 2.3) und »An der Schwaige« (siehe auch 2.4) gingen ineinander über und zogen sich entlang der Straße nach Wien (heute Einsteinstraße) bis zum Kuglerberg im Osten wie ein Straßendorf hin. Sie bildeten einen Halbkreis um das eigentliche Dorf Haidhausen, waren aber zumindest in der Frühzeit durch Wiesen und Äcker vom Ortskern getrennt. Im Dorf selbst gab es aber auch einige Herbergen, so im Grafenwinkel, in der Wolfgang- und Leonhardstraße und natürlich der Kriechbaumhof. Das größte Herbergsanwesen im Gebiet des heutigen Haidhausens stand einst an der Lüften (heute der Rosenheimer Platz), es hatte elf Herbergen.

Die Bewohnerzahlen in Haidhausen und seinen Herbergen sah im Jahr 1738 so aus: Es gab im Dorf 139 Haus- und Herbergenbesitzer und 119 Bewohner, in der Schwaig 137 Herbergenbesitzer und 53 Bewohner, also insgesamt 448 Seelen. Im Jahr 1822 waren es schon 798 Herbergen mit rund 4.000 Bewohnern. Und 1861 gab es in Haidhausen 491 Häuser, darunter 164 Herbergsanwesen mit 615 Herbergen, also durchschnittlich 3,75 Herbergen pro Herbergsanwesen. Kurz danach begann das Ende der Herbergssiedlungen. Die Bauvorschriften änderten sich drastisch, Kanalisation und Versorgung mit einwandfreiem Wasser lösten viele dringende Probleme. Große, moderne Arbeitermietshäuser ersetzten ab den 1880er Jahren zunehmend die kleinen Herbergen. Herbergen wurden plötzlich Spekulationsobjekte für Immobilienhaie. Schließlich kaufte die Stadt München im großen Stil die Anwesen auf. 1907 zahlte sie für 31 Herbergsanwesen in der Grube rund 230.000 Mark. Wer bisher mit seiner Herberge ein Eigentum hatte, musste fortan zu Miete wohnen und stellte schnell fest, dass die städtische Abfindung keineswegs für große Sprünge reichte. 1914 gab es in Haidhausen nur noch 373 Herbergen.

Die Herbergen wurden in den Folgejahren, vor allem während der Nazizeit, im großen Stil abgerissen. Nur einige Quartiere sollten aus stadthistorischen Gründen erhalten bleiben. Die Bomben des Zweiten Weltkriegs dezimierten jedoch auch diese Herbergsanwesen im Münchner Osten. Und noch bis in unsere Tage hinein wurden vereinzelt Herbergen abgerissen.

In der Grube 47 im Jahr 1900

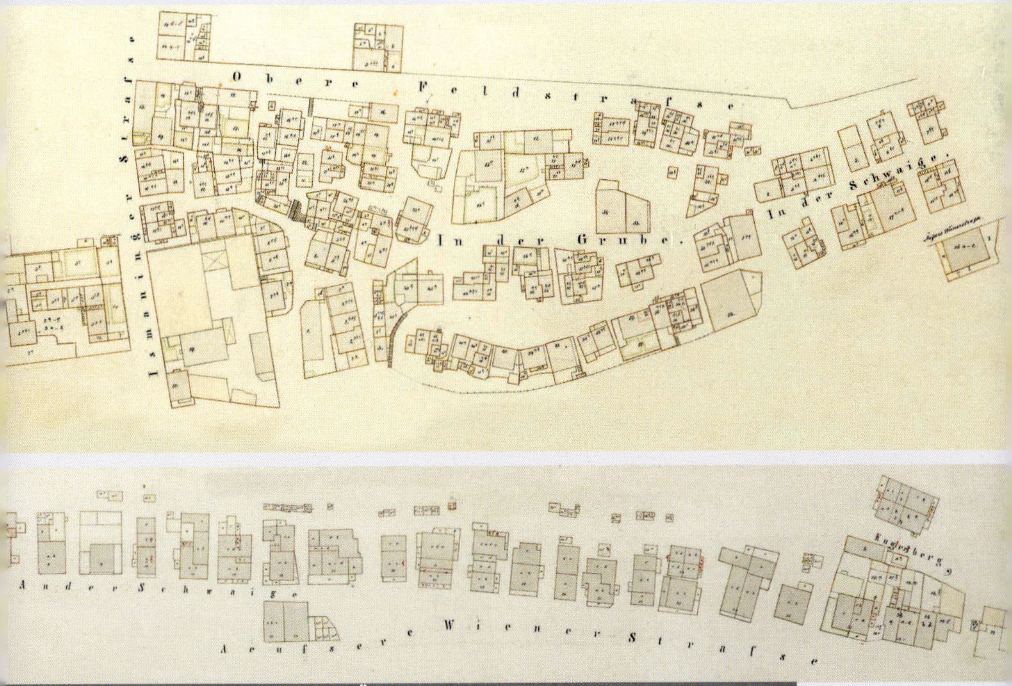

Die Herbergssiedlungen entlang der Äußeren Wiener Straße wurden 1859 kartografiert; oben »In der Grube«, unten »An der Schwaige« und »Kuglerberg«

Leben in den Herbergen

Blick in die Grube an der Äußeren Wiener Straße im Jahr 1910

Das Anwesen Wolfgangstraße 12 im Jahr 1900

Herbergsanwesen Wiener Straße 5 und 7 neben dem Abgang zur Kreppe im Jahr 1900

Herbergsanwesen Wiener Straße 89 im Jahr 1900

2.12 Unionsbräu

Das Ende einer Ära kam im November 2012: Das »Unionsbräu« in der Einsteinstraße schloss endgültig. Das traurige Ende einer großen Haidhauser Braugeschichte, die bereits 1845 begann. Damals entstand an der Äußeren Wiener Straße (Einsteinstraße) 42/44 die kleine »Brauerei zur Schwaige« mit Tafernwirtschaft, die in den 1850er Jahren mehrfach erweitert wurde. 1865 übernahm Balthasar Füger den Betrieb und verkaufte ihn 1881 wieder. Die neuen Besitzer, eine Aktiengesellschaft, erwarben 1886 das Löwenhauserbräu dazu und änderten den Namen in »Gambrinusbrauerei«. Zwei Jahre später erfolgte die Umbenennung in »Unionsbrauerei«, schließlich kaufte man noch den Dürrnbräukeller dazu und verlegte die Produktion vorübergehend an die Preysingstraße. Doch die Investoren hatten sich übernommen, die Brauerei ging Konkurs. Kommerzienrat Joseph Schülein gründete mit seinen Brüdern Gustav und Julius sowie dem Geschäftspartner Josef Aischberg die »Unionsbrauerei Schülein & Cie.« und übernahm die alte Braustätte in der Äußeren Wiener Straße. Schülein modernisierte den Betrieb, der wirtschaftliche Erfolg stellte sich schnell ein. Die Unionsbrauerei, ab 1903 eine Aktiengesellschaft, gehörte bald zu den größten Münchner Brauereien und übernahm 1905 die Münchner-Kindl-Brauerei. Nach dem Ersten Weltkrieg gelang der große Coup: Die hauptsächlich auf Export ausgerichtete Löwenbrauerei war durch den massiven Absatzeinbruch im Krieg ins Trudeln geraten. Die Unionsbrauerei schluckte 1921 den Konkurrenten. Weil Löwenbräu aber älter und traditionsreicher war, lief die neue Großbrauerei unter dem Namen weiter. Die erfolgreiche Unionsbräumarke »Triumphtor« kam fortan von Löwenbräu. Ende des Jahres kam noch die Bürgerbräu AG dazu und Joseph Schülein kaufte zusätzlich die Kaltenberger Schlossbrauerei. Sein Sohn Hermann stand ab 1924 bis zum Beginn der Nazizeit der Löwenbräu als Generaldirektor vor. Der Name »Unionsbräu« lebte nur noch durch die Gastwirtschaft an den ehemaligen Brauanlagen weiter. Das Wirtshaus erfuhr zwar zahlreiche Umbenennungen, doch ab 1990 hieß es wieder »Unionsbräu« und nahm die Brautradition erneut auf. Im Keller wurde ein naturtrübes Bier für den Hausgebrauch und zudem saisonal der dunkle Bock »Unimator« gebraut. Mit der Gaststätte schloss auch die Minibrauerei endgültig. Die historischen Brauereigebäude und die Keller dienen heute verschiedenen Nutzern.

2.13 Einstein Kultur

Es war eine schwierige Geburt: Mitte der 1990er übernahm die Stadt das riesige Kellergewölbe der Unionsbrauerei an der Einsteinstraße. Vier Gewölbehallen, ein Foyer, ein Saal und Nebenräume auf insgesamt 2.700 m² galt es zu sanieren und dann zu bespielen. Die Idee für ein »Kulturzentrum Einstein« war schnell geboren und 1998 konnte die 7,3 Mio. DM teure Renovierung abgeschlossen werden. Mieter zogen ein. Da gab es zum einen die »Kulturkooperative Haidhausen«, der sich das Theater rechts der Isar, das KiM-Kinderkino, die Latin Percussion School, das Freie Musikzentrum und freie Künstler angeschlossen hatten – und dann noch den beste Jazzclub Deutschlands: die »Unterfahrt«.

Jazzclub Unterfahrt

Wenn man als Münchner in einen der weltbesten Jazz-Clubs will, kann man viel Geld für eine Reise über den Atlantik ausgeben – oder man steigt einfach schnell mal in die U- oder Straßenbahn zum Max-Weber-Platz. Dort um die Ecke findet man laut dem international führenden Jazz-Magazin »Down Beat« einen der »Great Clubs of the World«: die »Unterfahrt« in der Einsteinstraße 42. Doch warum hat ein Jazzclub, der zu den Top 10 Europas und den Top 100 der Welt zählt, einen so seltsamen Namen? 1896 musste unter den Gleisen des

Das Uptown Jazz Orchestra in der Unterfahrt

nahen Ostbahnhofs eine Unterführung für die Verbindung von der Kirchenstraße zur Straße nach Berg am Laim gebaut werden. Dort an der Kreuzung Kirchenstraße/Haidenauplatz wurde die Gaststätte »Zur Unterfahrt« für die Eisenbahner und die Reisenden 3. Klasse eingerichtet. Jahrzehnte konnte man hier nur essen und trinken. Der Jazz hielt erst 1978 Einzug, als Mike Uitz, Herbert Straub und Fritz Otto beschlossen, einen neuen Jazzclub in München zu etablieren. Möglichst weit weg vom allgegenwärtigen Nostalgie- und Mainstream-Jazz lautete die Devise, Freejazz war angesagt. Den Kneipennamen behielt man einfach bei. Die ersten zwei Jahre wurde der Club rein ehrenamtlich geführt. 1980 gründete man dann den »Förderkreis Jazz und Malerei München e.V.«, der mittlerweile über 1.000 Mitglieder hat und den Club trägt. Seit Mitte der 1980er Jahre führt Wirtin Lisl Geipel den Gastronomiebetrieb und Christiane Böhncke-Geisse gestaltet das Musikprogramm. Mit dem Umzug 1998 ins Kulturzentrum Einstein änderten sich nur die Räumlichkeiten, sonst nichts. Nach wie vor treten an 350 Abenden im Jahr Jazzmusiker aus aller Welt in Haidhausen auf, das Spektrum reicht von Swing und Bebop über Modern bis hin zum NuJazz. Sonntags gibt es immer Jam-Sessions für Nachwuchstalente. Für sein Engagement erhielt die »Unterfahrt« im Jahr 2012 den Echo Jazz Musikpreis sowie den Musikpreis der Landeshauptstadt München.

Neben der Unterstützung der Stadt München ist es vor allem der Unterfahrt zu verdanken, dass das Einstein heute als Kulturzentrum existiert und funktioniert. Denn die Kulturkooperative scheiterte mit ihrem Konzept. Die Räume erwiesen sich als nicht gleichzeitig bespielbar. Das Theater rechts der Isar zog z. B. schon 2001 wieder aus. Verschiedene »Retter« wie der Hallenguru Wolfgang Nöth wurden aus dem Hut gezaubert und letztlich abgelehnt. Sogar der Trachtenverein Isargau sollte einziehen. Schließlich nahm 2010 der Vorstand des »Förderkreises für Jazz und Malerei« das Heft in die Hand, bewarb sich als Betreiber und setzte sich gegen drei Mitbewerber durch. Das Konzept der neuen Betreiber sieht eine strenge Trennung von Unterfahrt und Einstein vor, dennoch sollen Synergieeffekte genutzt werden. Vom 12. bis 14. Oktober 2012 wurde Grand Opening gefeiert, seitdem ist Kultur aller Art und Sparten in den Kellerräumen zu Hause. Weiterhin fester Bestandteil ist auch das KiM-Kino

KiM-Kinderkino

KiM bedeutet eigentlich Kino im Museum und verweist auf die Anfangsjahre des KiM: 13 Jahre lang war das Kino in den Räumen des Haidhauser Museums in der Kirchenstraße zu Hause. Am 25. Oktober 1985 wurde es als »Kinderkino für Ausländer« gegründet. Das Programm richtete sich zunächst an ausländische Kinder, die hier Filme in ihren Muttersprachen sehen konnten und sich anschließend in Nachbereitungsaktionen damit auseinander setzen konnten. Später kamen Bastelaktionen mit Kindern hinzu, in denen Apparate aus der Vor- und Frühzeit des Films nachgebaut wurden: z. B. Wundertrommeln, Lebensräder, Kaleidoskope, Guckkästen und Daumenkinos. Im September 1998 zog das KiM in einen Gewölbekeller mit ca. 50 Sitzplätzen im Kulturzentrum Einstein. Seit Sommer 2012 hat das KiM neue Räume im Einstein. Nach wie vor können Schulklassen, Kindergärten, aber auch Gruppen von Erwachsenen dort ihr individuelles Kinoprogramm buchen.

2.18 Alte Pfarrkirche St. Johann Baptist

Dank seiner Kirche wurde der Ort Haidhausen erstmals erwähnt. Am 12. Februar 808, so kann man im »liber traditionum antiquus« des bischöflichen Notars und Archivars Cozroh lesen, übertrug der Priester Erlaperht diese Kirche und seinen gesamten Besitz an den Bischof von Freising. Seit wann die Kirche existierte und wem sie geweiht war, erfährt man allerdings nicht. Erst 1315 tauchte die Kirche wieder urkundlich auf, als eine von acht Filialkirchen der Pfarrei Bogenhausen. Am 9. Juni 1492 genehmigte Papst Alexander VI. der Kirche ein Benefizium. Ein Jahr später bekam die Kirche jährliche Zinsen aus Münchner Häusern sowie einige Güter zugeteilt. Vermutlich wurde in diesen Jahren auch die bislang romanische Holzkirche spätgotisch umgebaut. 1524 fand erstmal Johannes der Täufer als Kirchenpatron Erwähnung. Ab 1608 feierte man zu Ehren von Johannes dem Täufer jedes Jahr den »Johannesdreißiger«, der am

24. Juni (Johannestag) begann und am 25. Juli (Fest des heiligen Jakobus d. Ä.) endete. Herzog Maximilian I. überließ der Kirche im Jahr 1619 eine kostbare Reliquie: die rechte Kinnlade von Johannes dem Täufer. Der Herzog hatte sie vom Benediktinerkloster Malmedy in der Erzdiözese Köln erhalten. Die Reliquie brachte dem Johannesdreißiger großen Zulauf, eine päpstliche Ablassgewährung einige Jahre später ließ noch mehr Wallfahrer gen Haidhausen pilgern. 1624 stiftete der Feldherr Johann t'Serclaes von Tilly das Geld für eine Monstranz, die »Tilly-Monstranz«.
Zwischen 1605 und 1630 ließ der Benefiziat Georg Stadelhuber die Kirche umfassend renovieren und neu ausstatten. Toman Zehetmair der Jüngere schuf 1623 Gemälde zu Stationen aus dem Leben Johannes des Täufers. Der Weilheimer Hofbildhauer und Elfenbeinschnitzer Christoph Angermair gestaltete im Jahr 1630 frühbarocke, lebensgroße Skulpturen der Kirchenväter Ambrosius, Augustinus, Hieronymus und Papst Gregor I., die bis heute erhalten sind. Nach wie vor hält sich das Gerücht, die Kirche sei 1634 von spanischen Truppen geplündert und zerstört worden, dafür gibt es jedoch keinerlei Belege. Um- und ausgebaut wurde durch die Jahrzehnte immer weiter; der einschiffige Saalbau entstand zwischen 1698 und 1700, dabei verlegte man auch die Sakristei nach Süden. In einer Diözesanbeschreibung von 1740 werden erstmals der neue

Hochaltar zu Ehren Johannes des Täufers sowie die beiden Seitenaltäre erwähnt. Zwei weitere Seitenaltäre kamen 1776 hinzu. Hofmaler Andreas Seidl schuf hierfür das bis heute erhaltene Gemälde *Traum des heiligen Josef*.

Mit Beginn des 19. Jahrhunderts zählte die Gläubigenschar in Haidhausen erheblich mehr Schäfchen (nämlich 3.100) als in der Muttergemeinde Bogenhausen. Schon 1789 hatte es einen Versuch gegeben, Haidhausen aus seelsorgerischen Gründen eine Pfarrei zu gewähren, doch das zuständige Freisinger Stift St. Veit hatte abgelehnt. 1817 versuchte man es erneut, doch der Bogenhauser Pfarrer Johann Kaspar Hallmayr legte erfolgreich sein Veto ein. Zwei Jahre später starb der Pfarrer und am 25. Januar 1820 verfügte König Max I. Joseph, dass St. Johann Baptist die erste Pfarrkirche Haidhausens wurde. Johann Andreas Baader aus Mittenwald übernahm als Pfarrer die neue Gemeinde. Nachdem die Cholera 1836 in Haidhausen gewütet hatte, gelobten die Einwohner, jährlich am Dreifaltigkeitssonntag eine Dan-

kesprozession, die »Choleraprozession« abzuhalten. Ein erneutes Massensterben bei der nächsten Choleraepidemie 1854 konnte dadurch nicht verhindert werden. Die Prozession wird bis heute durchgeführt. Zeitwiese fand sie auch nur im Kirchenraum statt.

Trotz Krankheitsepidemien wuchs Haidhausens Bevölkerung rasant. Die alte Kirche platzte längst aus allen Nähten, ein Neubau musste her. Während die neue Kirche entstand, wurde die alte noch einmal teilrenoviert. Sie erhielt einen neuen Holzaltar und 1865 bekam der Kirchturm seine bis heute erhaltene Spitzpyramide. 1895 sollte die alte Kirche abgerissen werden. Der Dachstuhl war einsturzgefährdet. Die Kirchengemeinde protestierte erfolgreich, sammelte Spenden und ließ das Gebäude renovieren.

1921 wurde die Kirche mit elektrischem Licht ausgestattet. Wenige Jahre später nutzte man das Gotteshaus 1925/26 noch einmal als Pfarrkirche für die neu gegründete Gemeinde von St. Gabriel, während deren Kirche gebaut wurde. Nach dem Zweiten Weltkrieg diente die Kirche dem Exarchen der unierten ukrainischen Katholiken, Erzbischof Platon Kornyljak, als Bischofskirche. Doch die Ukrainer wünschten sich ein repräsentativeres Gotteshaus als diese kleine Vorstadtkirche. 1963 schließlich konnten sie St. Johann Baptist gegen Heiligkreuz am Sendlinger Tor eintauschen. Zwischen 1980 und 1982 erfolgte noch einmal eine umfassende Gesamtrenovierung.

2.19 Wolfgangskapelle

Irgendwann in grauer Vorzeit muss ein frommer Mensch eine hölzerne Jagdkappelle mitten in die Heide beim Nest Haidhausen gestellt haben. Denn wann genau die Wolfgangskapelle in der heutigen Wolfgangstraße beim sogenannten Grafenwinkel erbaut wurde, weiß man nicht. Als sie 1560 das erste Mal erwähnt wurde, war sie jedenfalls bereits eine Filialkirche der alten Haidhauser Kirche. Im Bericht wurde extra hervorgehoben, dass sie nicht baufällig sei – und außerdem drei silberne, vergoldete Kelche und fünf Messgewänder besaß. Die Wolfgangskapelle muss ein beliebter Anziehungspunkt für Wallfahrer gewesen sein, denn 1644 wurde ein Altar mit Reliquien des heiligen Florus, des heiligen Batho und der heiligen Constantia geweiht. 1667 genehmigte Kurfürst Ferdinand Maria einen Neubau aus Stein. Der Mesner Georg Pockmeyer stellte das Grundstück zur Verfügung und bekam im Gegenzug die Erlaubnis, neben der Kapelle eine kleine Bierzäpferei zu betreiben. Bei der Weihe bekam die neue Kapelle gleich noch ein paar mehr Heiligenreliquien: von Korbinian, Modestus und Amatus. Durch Stiftungen und Schenkungen war die Wolfgangskapelle zu einem gewissen Wohlstand gekommen. Anfang des 19. Jahrhunderts jedoch hielt man sie zunehmend für überflüssig. Es gab Pläne, sie in ein Schulhaus umzubauen, doch dazu bot sie nicht genügend Platz. Außerdem diente die Kapelle mittlerweile als Leichenhaus. 1810 wurde sie als für den Kultus entbehrlich erklärt. Die Gemeinde Haidhausen wurde vom Innenministerium aufgefordert, St. Wolfgang öffentlich zu versteigern und den Erlös dem lokalen Schulfonds zukommen zu lassen. Dazu kam es nie, man nutzte sie weiterhin als Leichenhalle. 1868 war das Gebäude jedoch so baufällig geworden, dass man es entweder für sehr viel Geld hätte renovieren müssen, oder eben abreißen. Noch weitere zehn Jahre zog sich das Gerangel über pro und contra Abriss hin, dann wurde die Wolfgangskapelle abgerissen. Direkt neben der Kapelle begann übrigens der Grafenwinkel (siehe S. 63).

Die Wolfgangskapelle 1875, aquarellierte Zeichnung von J. Saal

2.20 Üblacker-Häusl

Eine der wenigen alten Herbergen, die die Abrisswellen und die Kriegsbomben überlebten, ist das Üblacker-Häusl an der Preysingstraße. Das niedrige Haus aus dem Ende des 18. Jahrhunderts stand am Rande einer heute noch erkennbaren Kiesgrube und bestand aus zwei Herbergen, hatte also zwei Besitzer. Am 27. Dezember 1894 kaufte der Holz- und Kohlehändler Johann Üblacker für stolze 9.912 Mark dieses »Wohnhaus mit angebauter Stallung, Abort, Schutzdach, Wagenremise und Hofraum«, wie es der Grundbucheintrag beschrieb. Das recht baufällige Anwesen erwarb 1966 die Stadt München von Üblackers Erben und beschloss den Abriss. Durch Proteste des Bezirksausschusses blieb das Haus erhalten und wurde 1974 nach dem Auszug der letzten Mieter in die Denkmalschutzliste aufgenommen. Nach umfangreichen Sanierungsarbeiten, die 1977 begannen und über eine halbe Million D-Mark verschlangen, wurde das Üblacker-Häusl am 12. Juli 1980 eröffnet. Im Erdgeschoss befinden sich zwei im Stil alter Tagelöhnerbehausungen eingerichtete Räume – das Herbergsmuseum des Münchner Stadtmuseums. Im Obergeschoss ist eine Wohnung. Ein Nebenraum, der ehemalige Ziegenstall, dient dem 1978 gegründeten Verein »Freunde Haidhausens – Verein für Haidhausen e. V.« als Ausstellungs- und Veranstaltungsort.

Der Kriechbaumhof an seinem alten Standort im Jahr 1905

2.21 Kriechbaumhof

Der Zusatz »Hof« ist irreführend, denn der Kriechbaumhof diente nie als Bauernhof, auch wenn er auf den ersten Blick so aussieht. Das Gebäude ist ein typisches Herbergshaus, das vermutlich älteste erhaltene Herbergsanwesen Haidhausens dazu. Es gehörte einst zu einem Ensemble von vier Herbergsanwesen mit insgesamt zwölf Herbergseigentümern, die zwischen Wolfgang-, Walser- und Jugendstraße standen. Schon 1760 wurde berichtet, dass neun Tagelöhner in dem »Kriechbaumhaus« wohnten. Einzig dieser Holzbau überstand die Bombennächte des Zweiten Weltkriegs. 1976 wurde das Haus fachmännisch in seine Einzelteile zerlegt, abgetragen und eingelagert. Beim Neuaufbau an seiner jetzigen Stelle 1985/86 zeigte sich aber, dass die Bausubstanz zum größten Teil zu marode für einen erneuten Einsatz war. Der heutige Kriechbaumhof ist also im Wesentlichen neu. Das Gebäude gehört der Münchner Gesellschaft für Stadterneuerung und ist an den Deutschen Alpenverein vermietet, der dort sein Jugendhaus eingerichtet hat.

Den Haferl-Brunnen schuf Alix Stadtbäumer 1990.

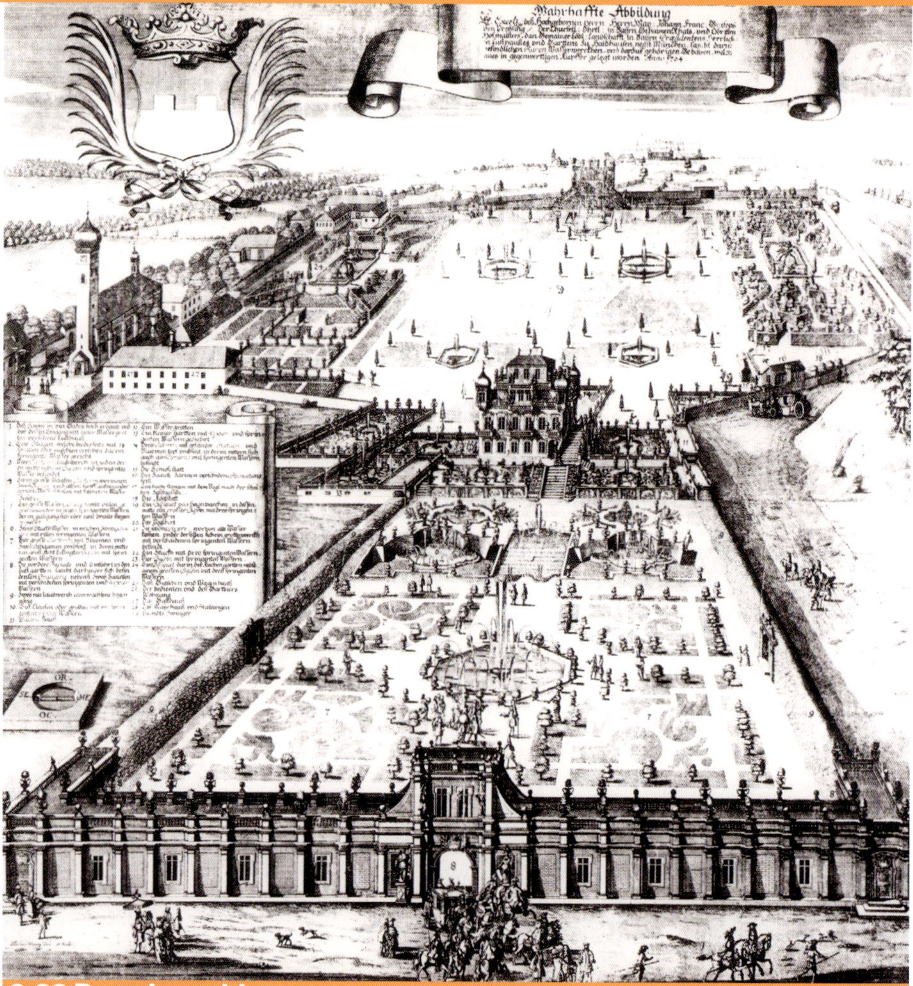

2.22 Preysingschloss

Wer einst südlich der alten Haidhauser Kirche über Besitz verfügte und wer das Sagen hatte, ist nicht bekannt. Das Gebiet zählte nicht zur Hofmark (siehe 2.6). 1567 tauchte das Gelände erstmals urkundlich auf, als der fürstliche Pfistermeister Hans Neumair ein »khlaines fleckhlen« Land neben den Gärten der Herren Andreas Hörl und Dr. Ludwig Schrenk erwarb. Ferner standen hier die Besitzungen des edlen Herrn Eßwurm aus Ottenhofen, die Sölden (Kleinbauernhöfe) des Caspar Lechenfelder, die ausgedehnten Besitzungen der Münchner Bürgerfamilie Mändl sowie der Kotterhof, der zum Leprosenspital und damit zur Stadt München gehörte. Das Mändl'sche Anwesen diente im Dreißigjährigen Krieg gemeinsam mit dem Anwesen der Jesuiten als Hospital für »schadthaffte« Soldaten. In der Folgezeit verlieren sich diese Namen im Dunkel der Geschichte. Das Gebiet stand erst ab 1678 wieder im Blickpunkt des Interesses.

Am 24. Oktober 1678 kaufte Reichsgraf Johann Maximilian II. von Preysing-Hohenaschau (1643–1718) ein Gartengrundstück von den Erben des kurfüstlichen Münzverwalters Michael von Mayr für 4.000 Gulden. In dem Garten befanden sich zwei Behausungen, von denen das größere zu einem prächtigen Schloss umgebaut wurde. Preysing ließ sich den Garten mit vielen Wasserspielen nach französischem Vorbild gestalten. Das Wasser wurde aus einem Brunnhaus im Brunnthal unterhalb der Kreppe gespeist. Kein Wunder, dass diese opulente Anlage von manchen mit dem Hofmarkschloss verwechselt wurde.

Nach dem Tod des kinderlosen Max II. erbte dessen Neffe Max III. Johann Franz und dann dessen Sohn Max IV. Emanuel. Da auch Max IV. ohne Erben starb, ging der Besitz 1764 an dessen Neffen Max V. Franz Xaver über. Max V. legte Orangerien an und experimentierte mit Wein- und Hopfenanbau. Vor allem aber legte er eine prächtige Allee mit Bäumen von den Bierkellern am Gasteig bis zu seiner Hofeinfahrt an, die eine reine Privatstraße war, Schlagbäume verhinderten jegliche Fremdnutzung. Erst sein Sohn Max VI. Franz de Paula ließ die Schlagbäume entfernen und schenkte die Preysingallee der Gemeinde Haidhausen. 1828 verkaufte er das Schloss an den Kaufmann Max Joseph Kaut für 25.000 Gulden (die Kaufkraft eines Gulden entspricht ca. 40 bis 50 Euro). Kaut zerstückelte den Besitz und verkaufte den Garten in Einzelteilen. 1840 ging das Schloss an den Orden der Frauen vom Guten Hirten (siehe 2.23).

2.23 Kloster der Frauen vom Guten Hirten

Gefallene und gefährdete Mädchen gab es im Haidhausen des 19. Jahrhunderts zu Genüge und die Nonnen vom Guten Hirten hatten es sich zur Aufgabe gemacht, just diese »sittlich zu Schaden« gekommenen Mädchen auf den rechten Weg zu bringen. Sie hatten also viel Arbeit vor sich, als sie am 18. April 1840 das einstige Preysing-Schloss für 14.000 Gulden erwarben. Ludwig I. hatte ein Jahr zuvor die Klostergründung in Haidhausen und die Niederlassung von Nonnen aus dem Mutterhaus im französischen Angere genehmigt. Die Ordensfrauen und ihre Schützlinge lebten zunächst im ehemaligen Schloss. Doch der Platz reichte hinten und vorne nicht. Schon zwei Jahre später wurden zwei neue Anstaltsgebäude eröffnet und 1843 die neue Klosterkirche geweiht. Ebenfalls 1843 ließ das Kloster das alte Schloss abreißen und durch einen Klosterneubau ersetzen, der 1847 fertig war. Dank großzügiger Spenden konnte die Mutter Oberin im selben Jahr noch einen Teil des früheren Schlossgartens zurückkaufen, zudem das Schlösschen Haidenau erwerben und schließlich auch noch die Straße zwischen Kloster und Haidenau der Gemeinde abkaufen. Auch auf das Schlösschen Haidenau (siehe 2.25) wartete sofort die Abrissbirne. An dieser Stelle errichtete das Kloster 1857 eine überlebensgroße Statue der Unbefleckten Empfängnis als Dank dafür, dass das Kloster bei der großen Choleraepidemie drei Jahre zuvor verschont geblieben war.

1908 baute das Kloster an der Metzstraße ein Fürsorgeheim für 180 Zöglinge. Die Wirren der Münchner Räterepublik und die Zerstörungen des Zweiten Weltkriegs überstand das Kloster weitgehend unbeschadet. Doch in den 1960er Jahren reichte die bauliche Situation an der Preysingstraße nicht mehr aus, um den steigenden Anforderungen gerecht zu werden. Die Schwestern vom Guten Hirten kauften 1963 ein Grundstück in Solln und zogen zwei Jahre später in das neue Kloster St. Gabriel an der Wolfratshauser Straße, wo vor allem Mädchen und Frauen, die durch Schwangerschaft in soziale Not geraten sind, betreut werden.

Das alte Klostergelände in Haidhausen erwarb das Erzbischöfliche Ordinariat, um hier ein katholisches Zentrum zu errichten. Das Fürsorgeheim wurde umgebaut und 1967 von den Dominikanerinnen von Niederviehbach als neusprachlich-sozialwissenschaftliches Edith-Stein-Gymnasium mit Internat für Mädchen eröffnet. Die Schule wurde bereits 1847 in Niederviehbach gegründet, es ist eine Privatschule, die seit dem Jahr 2000 von der Erzdiözese München und Freising getragen wird. Drei Jahre später zog das Mutterhaus alle Ordensfrauen aus München zurück. Andere ehemalige Klostergebäude wurden zu Seminarhäusern oder Wohnheimen umgebaut. An der Preysingstraße gibt es heute drei Studentenwohnheime (auch für Männer).

Auf dem Gelände ist seit 1971 auch die Katholische Stiftungsfachhochschule (KSFH) zu Hause. Sie ging aus vier Fachschulen für Sozialarbeit und Sozialpädagogik hervor: der 1909 gegründeten »Sozialen und Caritativen Frauenschule« von Ellen Ammann (später »Ellen-Ammann-Schule«), der 1959 entstandenen »Wohlfahrtschule für Männer«, der 1968 gegründeten »Höheren Fachschule der Sozialpädagogik der Salesianer Don Boscos« und schließlich der ebenfalls 1968 gegründeten »Höheren Fachschule für Sozialpädagogik». 1971 fasste man die Schulen als Katholische Stiftungsfachhochschule mit Abteilungen in Benediktbeuern und München zusammen. Trägerin ist die Kirchliche Stiftung öffentlichen Rechts »Katholische Bildungsstätten für Sozialberufe in Bayern«. Im ersten Jahr gab es 342 Studentinnen und 303 Studenten. Im Jahr 2012 waren es schon 1.570 Studentinnen und Studenten in München (gesamt mit Benediktbeuern 2.077).

Das Kirchliche Zentrum Haidhausen beherbergt außerdem noch: das Erzbischöfliche Jugendamt, den BDKJ-Diözesanverband , den BDKJ (Bund der Deutschen Katholischen Jugend) München, die Katholische Romano-Guardini-Fachoberschule für Sozialwesen (seit 1970 auf dem Gelände), die Bibliothek der KSFH, die Mensa, den Deutschen Katecheten-Verein, den DJK (= Deutsche Jugendkraft) Sportverband, den Arbeitskreis Kirche und Sport, den Verein der Südtiroler München e.V., Gemeindereferenten und die Seelsorge Pastorale Dienste, Diakone, das Mentorat für Religionslehrer/innen, die Kinderkrippe »Die Kobolde« sowie die Katholische Hochschulgemeinde.

2.24 Hypo-Park

Grünflächen sind rar im dicht bebauten Haidhausen. Eine der wenigen Ausnahmen ist der Hypo-Park an der Elsässer Straße. Auch er war Teil des ehemaligen Preysingschlosses bzw. des Klosters der Schwestern vom Guten Hirten. Jahrelang verhandelte die Stadt München mit dem Erzbischöflichen Ordinariat um dieses Stückchen Klostergarten. Schließlich bot die Hypobank der Kirche ein anderes Grundstück zum Tausch an, zahlte noch 1,1 Mio. D-Mark dazu und spendete schließlich auch die 350.000 D-Mark für den Ausbau zum Erholungs- und Kinderspielplatz. Am 27. Juli 1971 konnte der 14.300 m² große Park, der seitdem den Namen »Hypo-Park« trägt, der Bevölkerung übergeben werden.

Das Preysingschloss (li.) mit dem benachbarten Ridlerschlössl im Jahr 1702 (Aquarell von August Seidel)

2.25 Schloss Haidenau/Ridlerschlössl

Einst stand südlich des Dorfes Haidhausen und direkt angrenzend an das Preysingschloss auf der Anhöhe ein Gutshof, der 1574 erstmals erwähnt wurde und ursprünglich von der Münchner Familie Friedinger erbaut worden war. In den alten Urkunden wird ausdrücklich betont, dass das Anwesen nicht zum Dorf Haidhausen und auch nicht zur Hofmark der Grafen Fugger bzw. Törring-Seefeld gehörte. Es erlebte zahlreiche Besitzerwechsel, so erwarb es 1598 der Münchner Stadtoberrichter Bernhard Barth von Harmating auf Pesenbach für 900 Gulden. Weitere Besitzer: der Minister Graf Maximilian von Kurz, der Münchner Patrizier Friedrich Ernst Ligsalz auf Ascholding und der Landschaftzinszahlmeister Johann Ignaz Ridler. Ridler baute das Haus mit vier markanten Türmchen aus und erlangte 1699 die Edelmannsfreiheit. Das nun durchaus herrschaftliche Anwesen, im Volksmund noch lange Jahrzehnte »Ridlerschlössl« genannt, kam an den Freiherrn Karl von Widmann, dann an den Grafen von Perousse und schließlich an den nichtadeligen Gärtner des benachbarten Preysingschlosses namens Coussi. Nun wollte der Hofmarkherr Graf von Törring-Seefeld seinen Herrschaftsbereich auch auf das »Ridlerschlössl« ausdehnen, doch der Kurfürst beschied abschlägig. Gärtner Coussi durfte freier Besitzer des Schlosses bleiben. Im Jahr 1800 kaufte die Gräfin d'Hautefort, Comtesse de Bavière, das Schloss. Neun Jahre später bemühte sich Pfarrer Hallmayr, das Anwesen der Comtesse abzukaufen, da die Dame nie in Haid-

hausen weilte, sondern in Paris lebte. Aus dem Schloss sollte ein dringend benötigtes Schulgebäude werden. Doch die Idee verlief im Sand.
Die Comtesse verkaufte das Gut, das inzwischen aus drei Häusern bestand, 1813 an den Langerichts-Physikus Dr. Sieber. Der nannte es ab 1832 »Haidenau«. Dr. Sieber wollte aber auf Teufel komm raus kein Haidhauser sein, er beantragte bei den Behörden, dass Haidenau zu Ramersdorf gehören sollte. Das Landgericht ließ ihn aber wissen, dass es »durch den Starrsinn des Besitzers nicht in eine andere Gemeindemarkung« versetzt würde. Haidenau blieb Haidhausen. 1837 verkaufte Dr. Sieber an den Rittmeister Thelesphor von Streber, der das Schloss in einen Grundstückstausch mit dem Privatier Willibald Brodmann einbezog. Da die Gemeinde Haidhausen einen Krankenhausbau plante, verhandelte sie mit Brodmann über Schloss Haidenau. Es gab sogar einen provisorischen Kaufvertrag, doch die Mutter Oberin des benachbarten Klosters der Frauen vom Guten Hirten hatte ebenfalls ein Auge auf das Anwesen geworfen und bearbeitete Brodmann so lange, bis er den Kaufvertrag mit dem Dorf rückgängig machte und an das Kloster verkaufte. Die Gemeinde wollte klagen, doch da das Kloster ausgezeichnete Verbindungen zu König Ludwig I. pflegte, wurde die Klage erst gar nicht zugelassen. Das Areal von Schloss Haidenau ging nun im Klostergelände auf, das Schlösschen wurde abgerissen.

2.26 St. Elisabeth

Die Ausgangsidee war eigentlich, für Reisende in der Nähe des Ostbahnhofs eine Kirche zu bauen. 1953 forcierte der Geistliche Rat Alois Leinfelder den Gedanken und suchte nach einem geeigneten Grundstück. Kardinal Joseph Wendel schaltete sich als Vermittler ein und schließlich konnten die Schwestern vom Guten Hirten nicht mehr nein sagen – sie stellten von ihrem riesigen Anwesen einen kleinen Teil nahe der Breisacher Straße zur Verfügung. Nach zähen Verhandlungen konnte man auch noch ein kleines Grundstück der bayrischen Forstverwaltung erwerben, auf dem eine Transformatorenstation der Münchner Elektrizitätswerke stand. Das Grundstück war wichtig, um einen direkten Straßenanschluss zu haben. Architekt Michael Steinbrecher hatte die Aufgabe, den Turm so zu gestalten, dass er sowohl von der Wörthstraße als auch vom Ostbahnhof aus gut zu sehen war. Außerdem musste der Turm die Transformatorenstation aufnehmen. Die Bauarbeiten begannen 1954. Für die Ausstattung im Kircheninneren sorgten der Bildhauer Roland Friederichsen und Akademieprofessor Franz Nagel. Friederichsen schuf den Tabernakel und die Apostelleuchterfiguren aus Bronze. Von Nagel stammen die runden Glasfenster und die Komposition über dem Sakramentshäuschen: der untere Teil aus Glasbeton

stellt den brennenden Dornbusch dar, darüber thront als Fresko die Heilige Dreifaltigkeit.
1956 weihte Kardinal Wendel die neue Kirche als Pfarrkurie St. Elisabeth. Vier Jahre später erhob er sie zur Stadtpfarrei. 1987 musste die Kirche bereits wegen Baufälligkeit geschlossen und umfangreich saniert werden. Der Beton zerbröselte.

2.27 Franzosenviertel

siehe S. 82

2.28 Wörthschule

Die schulische Situation in Haidhausen gestaltete sich ab Mitte des 19. Jh. immer dramatischer. Die Schlossschule platzte aus allen Nähten. Die zusätzliche Schulbaracke in der Kirchenstraße brachte kaum Linderung. Die Gemeinde beschloss 1883 einen großen Neubau. Man wollte gerne im neuen »Franzosenviertel« bauen, doch die Grundstückspreise waren dort zu hoch. Schließlich fand man an der Ecke Milch-/Wörthstraße ein geeignetes Grundstück. Nach zwei Jahren Bauzeit konnte die »Neue Haidhauser Schule« mit 23 Klassenzimmern und einer Hausmeisterwohnung bezogen werden. Schon 1891/92 musste erweitert werden, 12 Schulzimmer und zwei Turnsäle wurden angebaut. Wieder nur eine kurze Lösung. Die Schülerzahl stieg so enorm, dass im Haus Wörthstraße 11 Privatwohnungen als Unterrichtsräume angemietet werden mussten. 1896 wurde die Schule umbenannt in »Schule an der Wörthstraße« und ein Jahr später führte man die Ge-

2.27 Das Franzosenviertel

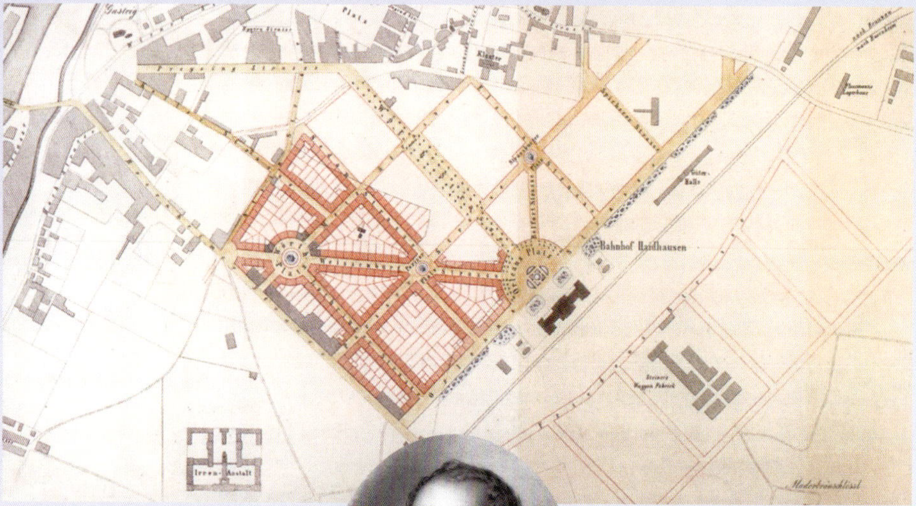

Der Geschäftsmann Karl von Eichthal baute auf einer grünen Wiese das Franzosenviertel (Lithografie nach einer Zeichnung von Ludwig von Montmorillon).

Baron Carl von Eichthal kannte die Tricks, wie man die besten Geschäfte machte: die richtigen Insidertipps zur rechten Zeit bekommen und sofort handeln. Der vermögende Bankier, seine Familie zählte zu den Gründern der Bayrischen Hypothekenbank, gehörte zur Ostbahnhofgesellschaft, wusste also lange vor der Öffentlichkeit über die Planungen des neuen Ostbahnhofs in Haidhausen Bescheid.

In München herrschte auch damals schon Wohnungsnot. Besonders günstiger Wohnraum für Arbeiter war rar. Mit dem neuen Bahnhof, das war klar, würden sich neue Industrien in Haidhausen ansiedeln und damit viele Neuzuzügler kommen, die ein Dach über dem Kopf brauchten. Eichthal kaufte flugs riesige, in den Augen der Besitzer wertlose Grundstücke auf der Lüften zwischen Rosenheimer Platz und Orleansplatz zu einem Spottpreis auf und stampfte ab 1870 ein neues, komplett am Reißbrett entstandenes Wohnviertel aus dem Boden. Den Stadterweiterungsplan entwarf Arnold von Zenetti. Das Straßenraster richtete sich perspektivisch und strukturell auf den »Braunauer Bahnhof in der Vorstadt Haidhausen« hin. Von ihm gehen im symmetrischen Dreistrahl die Straßen ab. Im Gegensatz zu den Neubauvierteln Maxvorsadt und Gärtnerplatz sind die Straßen und Plätze des Franzosenviertels unterschiedlich breit. Eine wirkliche Symmetrie ließ sich allerdings nicht herstellen, denn im Norden lag das Kloster der Schwestern vom Guten Hirten, die sich weigerten, etwas von ihrem Grund für das Neubauprojekt zu opfern. So fiel auch ein Platz, der als Pendant zum Pariser Platz gedacht war, unter den Tisch.

Kurz zuvor hatte Eichthal bereits in der Isarvorstadt das Gärtnerplatzviertel auf seinem eigenen Grund und Boden als lukratives Immobilienprojekt hochgezogen. Im Gegensatz zum Gärtnerplatzviertel, das eine gehobenere Klientel ansprechen sollte, ließ Eichthal auf der Lüften südlich von Haidhausen billige Mietskasernen mit engen Hinterhöfen für die ärmere Klientel errichten. Die Häuser verkaufte er dann an Bauspekulanten. Dabei baute er schneller, als die Stadt Straßen anlegte. Die Stadt weigerte sich nämlich, Straßen »auf Vorrat« zu erschließen. Die schlechte Bausubstanz sorgte schon bald für massive Beschwerden, Spekulanten zogen sich zurück. Bei Eichthals Tod 1880 waren deshalb viele Häuser noch nicht verkauft.

Einzig entlang der ab 1872 zum Boulevard ausgebauten Wörthstraße entstanden etwas repräsentativere Bauten im Stil des Historismus, die Wörthstraße heißt heute hier Bordeauxplatz. Ludwig Thoma ätzte damals: »Ein Stück Altmünchen nach dem anderen wurde dem Verkehr, den großstädtischen Bedürfnissen, dem Zeitgeist oder richtiger, der Spekulation geopfert.« Heute kann man dazu nur feststellen, dass sich seit 140 Jahren offenbar nichts geändert hat.

Das ungeliebte Neubaugebiet bekam im Volksmund schnell den Namen »Franzosenviertel«, weil die Straßen nach Schlachtorten des siegreichen Kriegs gegen Frankreich 1870/71 benannt wurden (Orleansplatz Weißenburger Platz, Pariser Platz, Gravelotte-, Wörth-, Sedanstraße etc.).

schlechtertrennung ein; Buben und Mädchen wurden bis 1921 in getrennten Abteilungen unterrichtet.
Die Wörthschule übernahm auch die schulische Betreuung der vielen minderjährigen Ziegeleiarbeiter aus Italien. Es waren oft noch Kinder, die den harten Job in den Ziegeleien rings um Haidhausen versahen, ihr Arbeitstag begann in der Regel um dreiviertel vier und endete mit Einbruch der Dunkelheit. Ab 1891 bot die Wörthschule Unterricht in Rechnen, Erdkunde, Deutsch, Schönschreiben und Religion. Die »Italienerklassen« fanden Sonntag statt, damit die Kinder unter der Woche arbeiten konnten. Bis 1904 existierten meist zwei solcher Sammelklassen, die in italienischer Sprache unterrichtet wurden. Dann sorgten neue Jugendschutzgesetze dafür, dass keine schulpflichtigen Jugendlichen mehr in den Ziegeleien beschäftigt werden durften.
Nicht nur wegen der Italienerklassen war die Wörthschule längst wieder am Rande ihrer Kapazitäten. Eine dritte Schule war für den boomenden Stadtbezirk unumgänglich. Die Schule in der Bazeillesstraße wurde gebaut. Doch auch das half der Wörthschule nur wenig. Anfang des 20. Jahrhunderts mussten erneut externe Räume, diesmal beim St. Josephs-Verein in der Preysingstraße, angemietet werden. 1935 ließ die Stadt die Schule zum 50. Jubiläum modernisieren, alle Zimmer bekamen elektrisches Licht und fließend Wasser. Während des Zweiten Weltkriegs dienten alle Haidhauser Schulen u. a. als Truppenquartiere oder als Massenquartiere für kriegsgefangene Zwangsarbeiter. In der Wörthschule brachte man von 1942 bis 1944 die Hilfsschule an der Kirchenstraße, die Berufsschule für Brauer und Hauswirtschaftler, zwei Kinderhorte und einen Kindergarten sowie die Lebensmittelmarkenverteilstelle unter. Am 25. April 1944 brannte das Gebäude im Bombenhagel nieder. Die Ruinen dienten erst als Lagerraum für Schulmobiliar und wurden 1951 abgetragen. Der Neubau nach Plänen des Architekten Hager begann erst 1958. Zwischen 1968 und 1971 diente die Hauptschule an der Wörthstraße als Modellhauptschule, an der künftige Lehrpläne und Unterrichtsmodelle getestet wurden. In den 1980er und 1990er Jahren verzeichnete die einst völlig überlaufene Schule deutlichen Schülerschwund. Die Schule kämpfte gegen ein schlechtes Image als Problemschule, 1998 hatten von 299 Schülern 215 einen Migrationshintergrund. Nach einer Renovierung im Jahr 2000 bietet die Schule heute eine offene Ganztagsschule mit betreutem Frühstück und Mittagessen, Quali-Vorbereitungs- und Legasteniekurse. Seit 2003 gibt es auch eine Mittlere-Reife-Klasse M10.

Die Wörthschule zur Jahrhundertwende und heute

2.29 Max Reger

Es klingt nach Hotel Mama, wenn man bedenkt, dass der Komponist Max Reger bereits 28 Jahre alt war, als er 1901 gemeinsam mit seinen Eltern und der Schwester von Wiesbaden nach München übersiedelte und in die Wörthstraße 35 zog. Doch Reger hatte aufgrund beruflicher Rückschläge und seiner Erlebnisse beim Militär einen schweren Zusammenbruch hinter sich und war bei seinen Eltern untergekrochen. In München hoffte er auf einen Neuanfang. Er schuf sich schnell einen treuen Kreis an Musikschülern, die er unterrichtete, er komponierte eifrig und spielte einige Male in der Haidhauser Johanniskirche Orgel. Letzteres kam nicht besonders gut an, ihm wurde die Orgel-Erlaubnis bald wieder entzogen. Reger schrieb in einem Brief darüber: »... dadurch, dass ich spiele, die Leute zu sehr in ihrer Andacht gestört würden; kein Mensch könnte mehr beten! Famos.« Überhaupt stieß er in München auf vehemente Kritik und Anfeindungen, man nannte ihn einen »perversen Musiker«, seine Kompositionen »Produkte eines Irrsinnigen«. Später, als Reger bereits Lehrer

für Orgelspiel und Komposition an der Münchner Musikhochschule war, endete die Aufführung seiner *Sinfonietta A-Dur op. 90* am 2. Februar 1906 mit einer handfesten Prügelei zwischen Reger-Fans und Reger-Gegnern. Vielleicht lag es auch daran, dass sich Reger mit seiner Art, die selbst von Freunden als »saugrob« beschrieben wurde, gerne zwischen die Stühle setzte.

Am 25. Oktober 1902 jedenfalls heiratete Reger die geschiedene Protestantin Elsa von Bercken – und wurde umgehend exkommuniziert. Das junge Ehepaar mietete für 46 Mark eine neue Wohnung in der Wörthstraße 20. Reger beschrieb die Wohnung so: »Vornheraus zwei große mit Linoleum belegte Zimmer, nach rückwärts noch ein Zimmer, dann Küche (klein) und Magdkammer, was viel wert ist.« Kurz danach zogen die Regers dennoch um in eine größere Wohnung in der Preysingstraße 1 und schließlich verließen sie Haidhausen Richtung Schwabing. 1907 kehrte Max Reger München endgültig den Rücken.

2.30 Völkischer Beobachter

Wie konnte es passieren, dass aus einem Haidhauser Lokalblatt die faschistische Hetzpostille »Völkischer Beobachter« wurde? Schon 1867 erschien zweimal wöchentlich ein Blatt namens »Merkur« mit als »Ankündigungsblatt für Handel und Gewerbe«. Der Herausgeber Karl Scheiber nannte es ein Jahr später um in »Münchener Beobachter«. Doch das Blatt floppte, Scheiber stellte es ein. Am 2. Januar 1887 belebte der Haidhauser Drucker Johann Naderer den »Münchener Beobachter« wieder. Das Blatt, dessen Redaktion zunächst in der Inneren Wiener Straße 8 saß, bestand nur aus vier Seiten und war als reine Stadtviertelzeitung konzipiert, so gab es u. a. die Rubrik »Streifzüge durch Haidhausen«. Naderer stand den Sozialdemokraten nahe und setzte sich z. B. für gesetzlich festgeschriebene Arbeitszeiten und für Mindestlöhne ein. 1890 bekam der »Münchener Beobachter« Konkurrenz von den »Neuesten Nachrichten aus den Stadttheilen r. d. Isar« und Naderer stellte seine Zeitung ein. Die »Neuesten Nachrichten« hielten sich aber nur sechs Jahre, dann konnte Naderer wieder mit seinem »Beobachter« loslegen. Die Redaktion zog ins Rückgebäude der Comeniusstraße 8. 1897 stieg der Journalist Franz Xaver Eher als Kompagnon bei Naderer ein. Neben dem »Beobachter« brachten sie auch das Fachblatt »Der Bayerische Metzgermeister« heraus. Im Jahr 1900 kaufte Eher den »Münchener Beobachter« komplett auf und gründete ein Jahr später den Franz Eher Verlag. Naderer beschränkte sich auf seine Druckerei und den »Bayerischen Metzgermeister«. Bis zu Ehers Tod am 22. Juni 1918 erschien der »Münchener Beobachter« als »weltbürgerliches« Blatt, in dem bereits der eine oder andere antisemitische Hetzartikel Platz fand.

Ehers Witwe engagierte einen gewissen Rudolf von Sebottendorf als Redakteur und suchte einen Käufer für den Verlag. Im September 1918 erwarben zwei vermögende Damen namens Käthe Bierbaumer und Dora

Münchener Beobachter.
Unabhängiges Organ für die politischen, sozialen und wirtschaftlichen Interessen Bayerns und Münchens.
Nr. 11 — München, den 10. Juli 1918 — 32. Jahrgang.

Münchener Beobachter und Sportblatt
Unabhängige Zeitung für nationale und völkische Politik.
Verlag Franz Eher Nachf. München.
Nr. 23. — München, Samstag den 9. November 1918. — 32. Jahrgang.
Deutschlands Not.

Der Titel des Münchner Beobachters im Juli 1918 und im November 1918 nach Übernahme durch die Thule-Gesellschaft

Kunze den Verlag und ließen ihn als »Franz Eher Nachf.« ins Handelsregister eintragen. Innerhalb weniger Tage war so aus dem Haidhauser Blättchen die Hauspostille der rechtsradikalen und antisemitischen Thule-Gesellschaft geworden. Denn die beiden Damen waren nichts weiter als Strohfrauen des neuen Redakteurs und Thule-Chefs Rudolf von Sebottendorf, einer der schillerndsten Figuren der »völkischen« Szene. Käthe Bierbaumer war eine langjährige Freundin Sebottendorfs und Dora Kunze seine Schwester. Sebottendorf hieß eigentlich Adam

Alfred Rudolf Glauer, neigte zur Hochstapelei, war zur See gefahren, widmete sich dem Okkultismus, der islamischen Mystik und dem Sufismus, zwischenzeitlich nahm er sogar die türkische Staatsbürgerschaft an und war nach eigenen Angaben im Orient von einem Heinrich von Sebottendorf adoptiert worden. Sebottendorf verlegte das Redaktionsbüro ins Hotel Vier Jahreszeiten. Am 9. August 1919 erschien erstmals die reichsweite Ausgabe des Nazihetzblatts unter dem neuen Namen »Völkischer Beobachter«. Ein Jahr später schrumpfte das einstige Mutterblatt »Münchener Beobachter« zur Lokalbeilage. Im Dezember 1920 gingen Zeitung und Verlag für 120.000 Reichmark in den Besitz der NSDAP über. Sebottendorf, ganz verwegener Abenteurer, hatte nur wenige Monate zuvor allen Ernstes versucht, den »Centralverein deutscher Staatsbürger jüdischen Glaubens« als Käufer für den Verlag zu gewinnen.

2.31 Der Mordfall Apfelböck

Sturmfreie Bude. Die beiden 15-jährigen Burschen Josef Holmer und Josef Zelmer freuten sich, als ihr Kumpel Josef Apfelböck sie zu sich nach Hause einlud. Dort konnten sie mit Apfelböcks Flobert-Pistole auf Zielscheiben ballern. Die Jungs genossen den Nachmittag dann aber doch nicht so, wie erhofft. »Was stinkt denn da so grauenhaft?«, fragte einer.
»Ach, nichts weiter«, antwortete Josef Apfelböck mit Unschuldsmine und deutete auf ein Stück alten Käse in der völlig zugemüllten Küche.
Holmer und Zelmer sahen sich zweifelnd an. »Es stinkt aber nach Verwesung.«
»Na, dann werden es wohl die Kaninchen sein, die ich geschlachtet habe.« Josef Apfelböck hatte auf dem Balkon der elterlichen Wohnung Kaninchenställe. Frisch abgezogene Kaninchenfelle lagen zum Trocknen aufgespannt. Die beiden Freunde gaben sich mit der Erklärung vorerst zufrieden. Doch am 17. August 1919 um 10 Uhr morgens erstatteten der Konditorlehrling Josef Zelmer und der Schneider Josef Helmer Anzeige, dass bei den Apfelböcks etwas nicht stimme.
Schon im Treppenhaus des Anwesens Lothringer Straße 11 schlug den Polizeibeamten bestialischer Gestank entgegen. Die Polizisten brachen die Tür auf und standen in einer verwahrlosten Wohnküche. Von der Küche führte eine Tür in ein weiteres Zimmer. Die Tür war vernagelt. Die Polizisten brachen sie auf und prallten zurück: Im Schlafzimmer fanden sie die stark verwesten Leichen von Josef und Maria Apfelböck, den Eltern des 16-jährigen Josef jr. Der Bursche stellte sich einen Tag später der Polizei und gab zu, seine Eltern ermordet zu haben. »Wie konnte das passieren?«, fragte sich die geschockte Öffentlichkeit und der wahre Schuldige war schnell ausgemacht: Die Verrohung der Sitten im Allgemeinen und das neue Medium namens Kino im Speziellen!

Und tatsächlich träume Josef Apfelböck von einer Karriere als Filmschauspieler. Und wenn das nicht klappen sollte, dann wenigstens als Filmvorführer. Egal was – seine Zukunft sollte nur irgendwas mit dem neuen, faszinierenden Medium Film zu tun haben. Die Apfelböcks lebten wie viele andere Haidhauser in bescheidenen Verhältnissen, es ging ihnen aber immerhin so gut, dass sie nicht in den Herbergen leben mussten. Sie konnten sich eine kleine Wohnung im Franzosenviertel leisten. Josef fiel in der Schule durch Faulheit und Schwänzen auf. Das Zeugnis der 7. Klasse bescheinigte: »Ein gleichgültiger, oberflächlicher, gedankenloser Bursche ohne ausgeprägte Wahrheitsliebe.« Ein Jahr später hieß es: »Ein scheinheiliger Simulant.« Er galt aber nicht als gewalttätig. Er bestahl häufig die Eltern, wurde aber von ihnen gleichzeitig total verzogen. Schließlich bekam er eine Lehrstelle als Elektromonteur und wurde auf Montage quer durch Deutschland geschickt. Doch die Firma machte pleite. Apfelböck lungerte wieder zu Hause bei den Eltern herum.
Er sprach bei diversen Filmfirmen vor, bekam aber nur Absagen. Am Tattag, es war vermutlich der 26. Juli 1919, weihte der Bursche seine Mutter in die Filmpläne ein. In den Kinos, so soll die Mutter gezetert haben, würden nur Verbrecher herangezogen werden. Weil die Mutter auch abends noch weiter schimpfte, beschloss Josef, sie zu töten, »um damit meine Ruhe zu bekommen«, wie er zu Protokoll gab. Er erschoss sie mit seiner Pistole, die er sich aus Liebhaberei gekauft hatte. Zu seinem Motiv sagte er nur, dass das Leben »ohne Eltern schöner sei und man freier leben« könne.
Während er auf den Vater wartete, wurde für Josef Apfelböck immer klarer, dass auch der sterben musste, weil sonst der Muttermord auffliegen würde. Vater Apfelböck kam gegen 22 Uhr 30 von der Arbeit. Vater und Sohn saßen noch eine Weile in der Küche beisammen,

dann wollte der Vater ins Bett gehen. Josef schoss ihm in den Unterleib. Dann stach er ihm mit einem Metzgermesser mindestens viermal in die Brust und zog die Leiche ins Schlafzimmer. Er nahm sich alles Bargeld, verschloss die Schlafzimmertür und öffnete sie nicht mehr. Fortan schlief er auf dem Diwan in der Küche, danach wegen des Verwesungsgeruchs auf dem Balkon. Schließlich hielt er es dort kaum noch aus und nächtigte in den Isarauen.

Die Tatpistole verkaufte Apfelböck für vier Mark. Neugierige Nachbarn, die sich nach den Eltern erkundigten oder sich über den üblen Gestank beschwerten, wimmelte Josef mit immer neuen Ausreden ab. Irgendwann fielen Nachbarn die vielen Maden auf, die sich im Abort und sogar in ihren Wohnungen vermehrten. Noch heute kursiert eine schaurige Anekdote: Angeblich breiteten sich durch das austretende Leichenwasser Flecken an der Decke der darunterliegenden Wohnung im ersten Stock aus. Als Jahre später ein Nachmieter auf die Ursache der immer noch sichtbaren Flecken hingewiesen wurde, soll dieser gelassen geantwortet haben: »Des mocht nixn. I bin Metzga.«

Schließlich beschloss Apfelböck, die Toten zu beseitigen. Er zimmerte eine Kiste, in der er die Leichen in die Isar werfen wollte. In der Zeit nach den Morden lebte Apfelböck von Arbeitslosengeld. Doch es gibt auch Hinweise, dass er sich womöglich prostituiert hat oder aber einen ehemaligen Arbeitgeber seiner Mutter erpressen wollte. Im Prozess gegen Josef Apfelböck nannte ihn der Richter einen »Mensch ohne Reue und Gewissen (…) dessen Fantasie durch die Verbrecherstücke des Kinos und Schund- und Schauergeschichten aller Art vollständig verderbt worden ist.« Am 20. Dezember 1919 trat Josef Apfelböck seine 15-jährige Haftstrafe in der JVA Landsberg am Lech an. Er absolvierte hinter Gittern eine Schneiderlehre und wurde 1932 vorzeitig entlassen. Über seinen späteren Lebensweg ist so gut wie nichts bekannt, außer dass Josef Apfelböck im Jahr 1986 in München starb.

Der Elternmörder, der nie Reue zeigte, faszinierte verschiedene Literaten. So lässt z. B. Robert Hültner seinen Inspektor Kajetan in *Inspektor Kajetan und die Sache Koslowski* (München 1998) zufällig Apfelböck begegnen. Berthold Brecht widmete Josef Apfelböck gar eine ganze Ballade – *Apfelböck oder die Lilie auf dem Felde* –, in der er allerdings aus dem Josef einen Jakob machte. Die erste Strophe lautet:

> In mildem Lichte Jakob Apfelböck
> Erschlug den Vater und die Mutter sein
> Und schloss sie beide in den Wäscheschrank
> Und blieb im Hause übrig, er allein.

2.32 Lothringer 13

Wie immer, wenn die Immobilienheuschrecken und mit ihnen die Gentrifizierung über ein Viertel herfallen, waren vorher die Mieten in diesem Viertel am Boden und lockten deshalb Kreative und Künstler an. So war es auch im Haidhausen der späten 1970er und frühen 1980er. Damit die vielen kreativen Köpfe Haidhausens eine Heimat hatten, rief das Kulturreferat 1980 die »Künstlerwerkstatt« für zeitgenössische Kunst in einer ehemaligen Maschinenfabrik in der Lothringer Straße 13 ins Leben. Von 1980 bis 1998 organisierten Künstler, Gastkuratoren und das Kulturreferat Ausstellungen von und mit Gegenwartskünstlern aller Gattungen. Dann beschloss die Stadt, das Konzept zu ändern und strukturierte im Jahr 2000 die Werkstatt neu. Seitdem entwickelt ein Team von unabhängigen Kuratoren, das alle zwei Jahre wechselt, das Programmkonzept für die Städtische Kunsthalle. Heute besteht die Lothringer 13 aus einer Haupthalle mit ca. 800 m² Ausstellungsfläche plus ca.80 m² im Keller sowie zwei Räumen im ersten Stock. Die Werkstatt gliedert sich heute in drei Teile:

Die **Lothringer 13, Halle für Internationale Gegenwartskunst**, bietet jungen Künstlern ein Produktions- und Präsentationsumfeld durch Ausstellungen, Publikationen und Veranstaltungen.

Der **Lothringer 13-Laden** zur Straße hin dient als Galerie für interdisziplinäre Kunst und mediale Experimente. Ein interdisziplinäres Team organisiert rund 30 Veranstaltungen pro Jahr. Das Programm speist sich u. a. »aus Kunst, Musik, Literatur, Theorie, Popkultur, Wissenschaft und materialisiert sich in Ausstellungen, Performances, Diskussionen, Konzerten, Screenings,

Ausstellung in der Lothringer 13 Halle

Situationen, Unhierarchischem, Institutionsarmut, Kollaboration und Kollektivierung«, so die Beschreibung auf der Laden-Website. 2006 rief der Lothringer13-Laden gemeinsam mit dem Künstlerateliervérein Domagk Kunstunterstützung e. V. (DOKU) die Dolores Residency ins Leben. Das zweimonatige Stipendium ermöglicht Künstlern, in München zu arbeiten und im Lothringer 13-Laden auszustellen.

Der **Lothringer 13-Spiegel**, seit 1997 im Ostflügel der Ausstellungshalle zu Hause, ist ein Video- und Kunst-Archiv für Künstlervideos von 1960 bis heute. Hier werden auch die Förderpreisträger der Stadt München archiviert.

2.33 Postwiese

Der Name klingt romantisch, täuscht aber. Hier gab es keine Wiese, sondern eine offene Kiesgrube, die den Haidhauser Kindern als Bolzplatz und im Winter als Rodelanlage diente. Erst 1938 ließ die Stadt die Grube auffüllen und den Platz zu einem Kinderspielplatz umgestalten.

2.34 Drehleier

Die 1976 in der Balanstraße 23 gegründete Kleinkunstbühne Drehleier musste 1997 ihre alten Räume verlassen und zog in die Rosenheimer Straße 123. Laut Website der Drehleier war der Umzug nötig, »da die Brauerei,

die das Haus Balanstrasse 23 besitzt, in ihrem Wappen einen Spaten zeigt und zum Bauen und sanieren gezwungen ist. Oder war die Künstlergarderobe zu klein?« In der Künstlergarderobe (und natürlich auf der Bühne) standen und stehen große Namen der Kleinkunstszene, von Sigi Zimmerschied, über Bruno Jonas, Ringsgwandl und Jörg Hube bis zu Konstantin Wecker. Auch die Spider Murphy Gang, BAP und die Biermöslblosn traten hier auf. 2011 erhielt die Drehleier den Kabarettpreis der Stadt München. Für das leibliche Wohl der Theaterbesucher sorgt die Gaststätte »Szenerie«.

2.35 Das 1. Öko-Haus

Man sieht es dem schmucken Bau aus der Gründerzeit nicht auf den ersten Blick an, aber das um 1880 erbaute Haus in der Pariser Straße 10 ist ein Münchner Pionierprojekt! Hier führte die Münchner Gesellschaft für Stadterneuerung im Jahr 1989 erstmals in München eine Sanierung nach ökologischen Gesichtspunkten durch. Zur Reduzierung von rund 70 % der Energiekosten wurden Fenster aus Wärmeschutzglas, Sonnenkollektoren auf dem Dach und eine Wärmepumpe eingebaut. Auch der Frischwasserverbrauch wurde um 50 % gesenkt. Die Mieter bekamen Wertstoffsammeltonnen in den Hof, in denen (damals eine Sensation) Glas, Metall und Papier getrennt gesammelt wurden. Für den Bioabfall gab es einen Komposthaufen, der einen kleinen Gemüsegarten im Hinterhof düngen sollte.

2.36 Die Hausmeisterin

»Joseph-Bärli« liebt sein »Ilse-Hasi«, doch noch lieber schlendert der jede Arbeit weiträumig umgehende Schwerenöter in die Balanstraße 19 und lädt sich ungefragt bei seiner Ex-Frau Martha zum Mittagessen ein. Martha Haslbeck ist *Die Hausmeisterin* in der gleichnamigen Fernsehserie des Bayerischen Rundfunks. Zwischen 1986 und 1992 wurden in drei Staffeln insgesamt 23 Folgen gedreht. Die meisten spielen mitten in Haidhausen in einem typischen Münchner Altbau-Mietshaus. Dreh- und Angelpunkt ist die Martha, die das Herz am rechten Fleck hat, aber auch nicht auf den Mund gefallen ist. Nicht nur der Ex und sein »Ilse-Hasi«, die bei aller erschreckenden Naivität in zwischenmenschlichen Dingen eifrig die Karriereleiter in einer Bank hochklettert, gestalten Marthas Alltag turbulent. Auch Tochter Christa samt Lebensgefährte, die Hausbewohner und ihre neue Liebe Costas tragen gehörig dazu bei. *Die Hausmeisterin* wurde 1990 mit dem Grimme-Preis ausgezeichnet und läuft immer wieder in zahlreichen Wiederholungen auf den dritten Programmen.

Die Stars: Janis Kyriakidis, Veronika Fitz, Helmut Fischer und Ilse Neubauer (o. v. l.), und der Drehort Balanstr. 19 (u.)

2.37 St. Wolfgang

Wie die St.-Gabriel-Kirche im Nordosten Haidhausens verdankt St. Wolfgang seine Entstehung dem starken Bevölkerungszuwachs in der zweiten Hälfte des 19. Jahrhunderts. 1896 gründeten 42 Haidhauser den Bauverein für eine neue Kirche, die in Erinnerung an die alte Wolfgangskapelle dem heiligen Wolfgang geweiht werden sollte. Im Jahr 1900 entstand an der Orleansstraße eine erste Notkirche. Die Suche nach einem geeigneten Bauplatz für eine dauerhafte Kirche blieb lange erfolglos. Dann bot man dem Kirchenbauverein ein Grundstück auf dem ehemaligen Gelände der »Kreisirrenanstalt« an der Balanstraße zu günstigen Konditionen an. 1911 war der Kaufvertrag perfekt. Der Ausbruch des Ersten Weltkriegs verzögerte die Bauarbeiten. Erst 1920 konnte Kardinal Bettinger die Kirche, nach Plänen von Hans Schnurr errichtet, konsekrieren. Die Bomben des Zweiten Weltkriegs legten St. Wolf-

gang in Schutt und Asche, nur der Turm blieb stehen. Nach Kriegsende bauten freiwillige Helfer aus den Ruinen der benachbarten Motorenfabrik Schlüter eine Notkirche, die fortan den Salesianern Don Boscos unterstand. Das Provisorium dauerte 20 Jahre an. Am 8. November 1964 fand dann die Grundsteinlegung für einen neuen Kirchenbau auf den Fundamenten der zerstörten Kirche direkt neben dem nun freistehenden alten Turm statt. Architekt Michael Steinbrecher war auch für die Innengestaltung verantwortlich. Das fast 16 m hohe Mosaikrelief *Die Wiederkunft Christi* an der Rückwand des Altarraums schuf der Künstler Alfred Schöpffe. Nach zwei Jahren Bauzeit weihte Kardinal Döpfner die neue St. Wolfgangskirche am 15. Mai 1966.

2.38 Bazeillesschule

Anfang der 1890er Jahre standen die beiden Haidhauser Schulen wieder einmal kurz vor dem Kollaps. Das Viertel boomte und immer mehr Menschen zogen zu. Der Stadtbezirk benötigte dringend eine dritte Schule im immer stärker besiedelten Südosten. An der Bazeillesstraße entstand ab 1895 das neue Schulgebäude nach Plänen des Architekten Karl Hocheder, das zwei Jahre später seiner Bestimmung übergeben werden konnte. Im Zweiten Weltkrieg beschlagnahmte die Wehrmacht das Gebäude, die Kinder kamen entweder in Lager der Kinderlandverschickung oder wechselten auf die nahe Schule am Simon-Knoll-Platz. Die Bazeillesschule überstand die Bombennächte mit nur leichten Beschädigungen, sie diente in den Nachkriegsmonaten zunächst als Durchgangslager für Österreicher. Der Schulalltag gestaltete sich dann äußerst schwierig und auf engstem Raum. Neben den eigenen Schülern mussten auch die Klassen der kriegszerstörten Simon-Knoll-Schule, einer hauswirtschaftlichen Schule, einer Fachschule für Frauen sowie zwei Horte, zwei Kindergärten und eine Schulzahnklinik untergebracht werden. Eine notdürftige Renovierung und Beseitigung der Kriegsschäden erfolgte 1952. Erst in den 1960er Jahren gab es größere Um- und Ausbauarbeiten. Ende der 1960er wurden die höheren Klassen auf umliegende Hauptschulen verteilt und die Volksschule an der Bazeillesstraße wurde zur reinen Grundschule.

2.39 Polizeiinspektion 1

Nur wenige Meter vom Drehort zu *Die Hausmeisterin* (siehe 2.36) entfernt wurde eine andere legendäre TV-Serie des BR gedreht: *Polizeiinspektion 1*. Im Erdge-

schoss des Eckhauses Bazeillesstraße 21 befand sich die fiktive Polizeistation, in der Walter Sedlmayr den grantelnden Kommissar Franz Schöninger gab, der mit seinen Schandis Elmar Wepper (alias Helmut Heinl) und Max Grießer (als Bertl Moosgruber) den Ganoven und dem Leben an sich die Stirn boten. 130 Episoden, in denen alles auftrat, was an bayrischen Schauspielern Rang und Namen hatte, wurden von 1977 bis 1988 produziert.

2.40 IHK-Akademie

Seit Beginn der 1990er Jahre ist die Industrie- und Handelskammer mit ihrem Weiterbildungszentrum in Haidhausen zu Hause. Die Kammer ging 1869 aus der 1843 gegründeten Handels- und Gewerbekammer, deren erster Vorsitzender der Eisenbahnpionier Johann Anton von Maffei war, sowie dem Münchner Handelsverein hervor. Der Hauptsitz der IHK ist in der Maxvorstadt, Max-Joseph-Straße 2, doch 1992 eröffnete an der Orleansstraße das IHK-Zentrum für Weiterbildung und Technik, die heutige IHK-Akademie. Auch das Bayerische Wirtschaftsarchiv hat hier seinen Sitz.

2.41 Sternwarte

Bereits 1773 hatte Peter von Osterwald in einem kleinen Schlösschen auf dem Gasteig aus Privatinitiative eine Sternwarte errichtet und der Akademie der Wissenschaften angeboten. Damals hatte man kein Interesse. Das änderte sich, als unter Napoleon die bayrische Landesvermessung systematisiert wurde. Dazu benötigte man als Basis astronomische Ortsbestimmungen. Der Astronom Ulrich Schiegg (1752–1810) richtete im Auftrag des Kurfürsten im Nordwestturm der Akademie der Wissenschaften an der Neuhauser Straße ein kleines Observatorium ein. Doch Schiegg und die französischen Ingenieure konnten nicht miteinander. Kurfürst Max IV. Joseph enthob Schiegg 1805 des Amtes und berief Karl Felix von Seyffer (1762–1822) zum Hofastronomen mit dem Auftrag, eine größere Sternwarte zu bauen. Seyffer ließ zwischen den Dörfern Haidhausen und Ramersdorf ein hölzernes Observatorium bauen und stattete es mit den Geräten von Schiegg aus. Diese Sternwarte stand etwas südlich des Ostbahnhofs ungefähr an der Stelle, an der die Eisenbahnlinie heute die Rosenheimer Straße überquert.

Das Gebäude blieb aber ein Provisorium, Seyffer kümmerte sich nicht um den Ausbau. Er war mehr an topographischen Arbeiten als an Astronomie interessiert. 1809 rissen sogar biwakierende Truppen den hölzernen Schutzzaun ein und verwendeten ihn als Feuerholz. Seyffer ließ zwar neue teure Geräte anschaffen, doch die Lieferung dauerte bis 1812. Dann zeigte sich, dass sie in der Behelfssternwarte nicht optimal positioniert und eingesetzt werden konnten. Die Kritik an Seyffer und der »hölzernen Hütte« drang schließlich auch zu Max Joseph, mittlerweile nicht mehr Kurfürst, sondern Bayerns erster König. Antifranzösische Flugblätter hetzten, dass die Sternwarte »Männern überlassen sei, welche den Orden der französischen Ehrenlegion hätten.« Der König setzte Seyffer 1815 ab und ernannte Johann Georg Soldner (1776–1833) als Nachfolger. Soldner legte schon ein Jahr später Pläne für einen steinernen Neubau vor (die vermutlich von Seyffer stammten) – allerdings nicht in Haidhausen, sondern in auf einer kleinen Anhöhe in Bogenhausen, von der aus man freie Sicht in alle Richtungen hatte. Mit der Inbetriebnahme des modernsten und bestausgestatteten Observatoriums der Welt, der königlichen Sternwarte zu Bogenhausen, endete 1818 die Zeit, in der Haidhausen in die Sterne blickte.

Von der ersten Sternwarte sind keine Bilder überliefert, sie lag an der »Chaussee nach Rosenheim«.

2.42 Ostbahnhof

Mit dem zügigen Ausbau des Eisenbahnnetzes in Bayern wurde bald auch ein Bahnhof im Münchner Osten notwendig. 1868 begannen die Bauarbeiten für die Gleisanlagen und das Bahnhofsgebäude nach Plänen von Friedrich Bürklein, der auch schon den Hauptbahnhof entworfen hatte. Der Bahnhof ging am 1. Mai 1871 mit der Eröffnung der Linie nach Neuötting in Betrieb. Die Gleisanlagen wurden zwischen 1929 und 1937 erweitert und umgebaut. Der Bombenhagel eines Fliegerangriffs im April 1944 zerstörte den Bahnhof beinahe vollständig. Die Gleisanlagen wurden zügig neu aufgebaut und 1972 mit der Inbetriebnahme der S-Bahn-Stammstrecke noch einmal umgestaltet. Die Schalterhalle jedoch blieb lange eine Ruine. Ab 1952 gab es zwar einen provisorischen Bau, doch erst 1985 wurde das neue Bahnhofsgebäude eröffnet. Das Reisezentrum mit der Ladenpassage wurde 1999 komplett neu gestaltet und das Hauptgebäude 2008 saniert. Das große Hauptgebäude dient übrigens nur zum Teil der Bahn. Hier finden sich Einrichtungen des Sozialreferats der Stadt München wie z. B. das Stadtjugendamt.

Der Ostbahnhof im Jahr 1875

Der Ostbahnhof, der offiziell Bahnhof München Ost heißt, hat heute 17 Gleise und ist neben dem Hauptbahnhof und München-Pasing der dritte Münchner Fernbahnhof und ein wichtiger Umsteigepunkt im Regionalverkehr. Neben dem Passagierbahnhof gab es seit 1921 auch einen Rangierbahnhof, der aber seit der Eröffnung des neuen Rangierbahnhofs München Nord bei Moosach kaum noch genutzt wird und dessen Gelände zum Teil brach liegt.

Die Gegend rund um den Ostbahnhof war lange als beliebter Treff der Drogenszene berühmt-berüchtigt. Die Eröffnung des nahegelegenen Kunstparks Ost verschärfte die Situation zusätzlich. Gegen den Willen des Bezirksausschusses wurden 2007 am Orleansplatz flächendeckend Überwachungskameras angebracht. Verstärkte Polizeikontrollen trugen ebenfalls dazu bei, dass sich die Dealer- und vor allem auch die Konsumentenszene zurückzogen.

2.43 Brunnenanlage am Orleansplatz

Die langgestreckte Brunnenanlage am Rondell gegenüber dem Ostbahnhof sieht alt aus, ist aber erst 1989 errichtet worden. Zuvor stand hier der Brunnen aus dem Glaspalast von 1854, der mittlerweile zum Weißenburger Platz umgezogen ist. Für den neuen, linsenförmigen Brunnen wurden zwei 1904 von Joachim Kurz aus Oberpfälzer Granit geschaffene Figuren wiederverwertet. Die Figuren gehörten ursprünglich zu einer Brunnenanlage vor dem Hauptrestaurant im Ausstellungspark auf der Theresienhöhe, die im Krieg zerstört wurde. Am nordöstlichen Ende sitzt eine barbusige Najade (eine Nymphe), ihr gegenüber befindet sich am südöstlichen Ende ein nackter Tritone (Meeresgott) mit Hut. Zwischen den beiden Figuren erstreckt sich ein 60 m langes Becken mit 52 bogenförmigen Fontänen, die lange Jahre keinen harmonischen Wasserbogen formten und daher immer wieder abgeschaltet und renoviert wurden.

Saint Laurent
Steinstr. 63
französisch

Santa Fé
Balanstr. 16
mexikanisch

Satluj
Wörthstr. 9
indisch

Serranos Bar & Grill
Rosenheimer Str. 66
Tex-Mex

19 **Spoon Up**
Weißenburger Platz 5
Suppenbar

Taverna Paros
Kirchenstr. 27
griechisch

23 **Lisboa Bar**
Breisacher Str. 22
älteste portugiesische Bar Münchens

24 **Maria Passange**
Steinstr. 42
ebenso legendär wie winzig

25 **Mauro's Negroni Club**
Kellerstr. 32
Bar, Cocktails

Moccar
Steinstr. 79
geöffnet bis 3 Uhr morgens

26 **Wasserwerk Bar**
Wolfgangstr. 19
Legendäre Location: noch in den 80ern strippten hier im »Blauen Engel« die Damen, heute ist es eine Punkrock-Cocktailbar

Kino

31 **KiM**
Einsteinstr. 42
Kinderkino, siehe S. 71

Specials

32 **Bindewerk**
Johannisplatz 12
eigenhändig gebundene Notizbücher, Kalender, Schreibblöcke und Adressbüchlein aus hochwertigem Material

Teatro
Balanstr. 23
spanische Tapas-Bar

20 **Tramin**
Lothringer Str. 7
Gourmetküche von Holger Baier

21 **Zum Kloster**
Preysingstr. 77
beliebte Kneipe inmitten der pittoresken Herbergshäuser

Nachtleben

22 **Barroom**
Milchstr. 17
Münchens kleinste Cocktailbar in einem alten Herbergshäusl

Bücher

27 **Buch und Töne**
Weißenburger Straße 14

28 **Buchhandlung Horne**
Wörthstr. 18

29 **Buchhandlung Lentner**
Balanstr. 14

Esoterischer Buchladen Haidhausen
Sedanstraße 29

30 **Haidhauser Buchladen**
Weißenburger Str. 29

Litera-Tour & Blütenlust
Kirchenstr. 5

Müller und Steinecke Medizinische Buchhandlung
Max-Weber-Platz 10
Fachbuchhandlung

Die Legende lebt: Johannis Café

Was soll man eigentlich noch über das Johannis Café schreiben, was noch nicht geschrieben worden wäre? Okay, schreiben wir es einfach auch noch einmal. Die Kneipe ist eine Institution und das schon seit 1926, als das Johannis Café am Johannisplatz eröffnete. Damals war es eines der ersten Frühlokale der Stadt, hat sich schnell als Anlaufstelle für Nachtschwärmer etabliert und ist es bis heute geblieben. Wenn man am Wochenende nachts um 2 dringend was zu futtern sucht, kein Problem. Wurstsalat, Kasspatzen, Schinkennudeln oder Toast Hawaii gibts auch zur späteren Stunde noch. Seit über 20 Jahren hat Wirt Olaf Schmidt hier das Sagen. Er gehört aber schon viel länger zum Inventar, denn er hat bei seiner Vorgängerin Frau Wohlgemuth als Kellner gearbeitet. Apropos Inventar: Das ist seit Urzeiten unverändert. Die Wände sind vergilbt, die Möbel dermaßen unmodern, dass sie schon wieder retroschick sind. Das Matterhorn klebt als gigantische Fototapete an der Wand und auch der Chef selbst hängt dort in Form eines Ölschinkens, der ihn als König Ludwig II. zeigt. In der Jukebox warten die Schlager von EAV und Co., um die man seit Jahrzehnten einen großen Bogen macht, die man aber im Zweifelsfall fehlerfrei mitgrölen kann. Die Gästemischung tut ein übriges, hier trifft man sich quer durch alle Schichten und Berufe. Eine Kneipe eben, wie sie wohl nur in Haidhausen möglich ist.

Detail der Villa Stuck

3 Haidhausen/Steinhausen

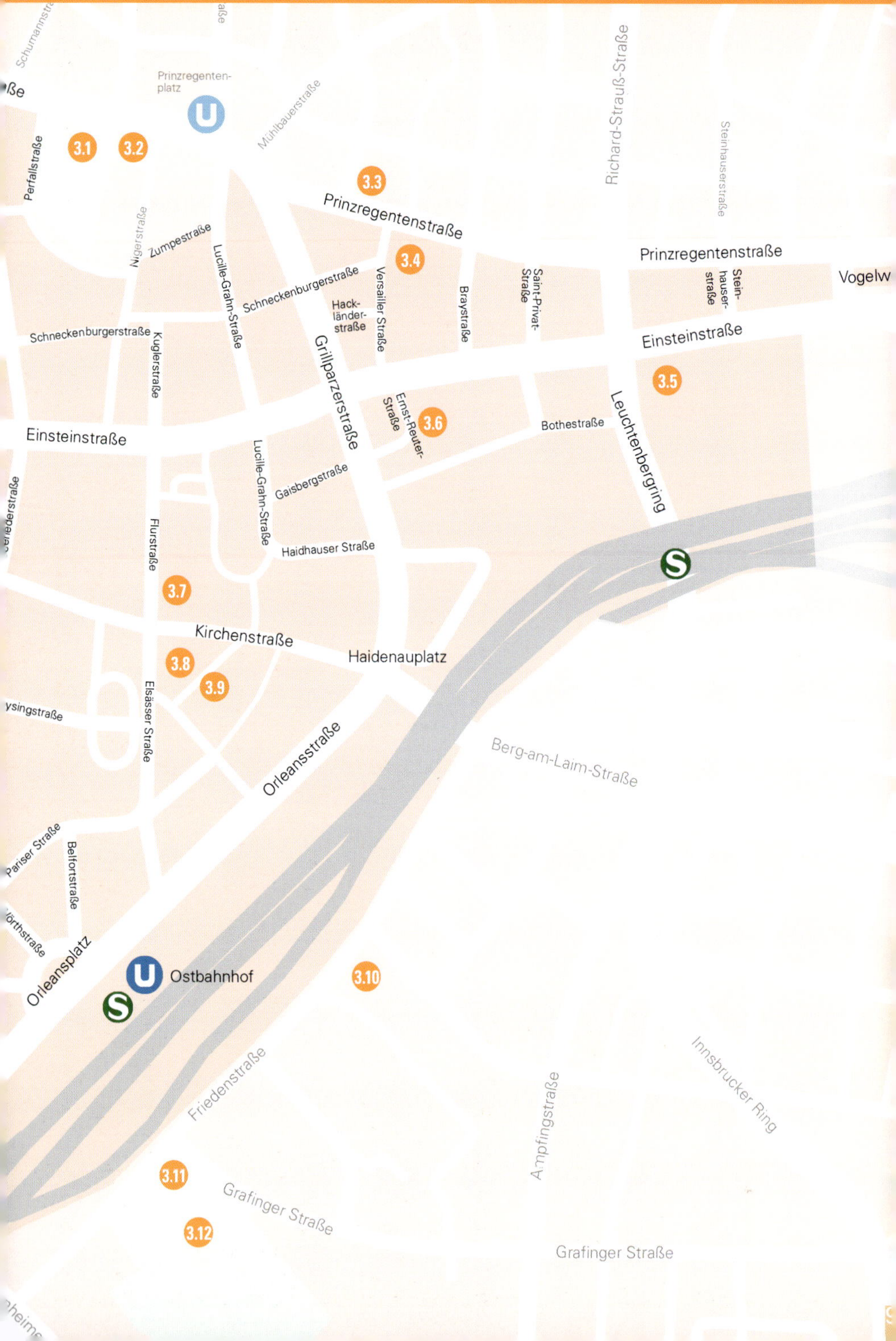

3.1 Prinzregentenstadion

Das von seinen Besuchern liebevoll »Prinze« genannte Stadion liegt auf altem Haidhauser Grund, zählt heute aber zum Stadtbezirk Bogenhausen. Der begeisterte Sportler Friedrich Kranz (1888–1959) besaß ein Grundstück direkt neben dem Prinzregententheater, auf dem er eine Eisbahn erbauen ließ. Das am 16. Dezember 1933 eröffnete Prinzregentenstadion war die erste Freiluftkunsteisbahn Süddeutschlands. Drei Jahre später nahm das direkt anschließende Sommerschwimmbad den Betrieb auf. Den Aushub an Kies und Sand benutzte man praktischerweise gleich für das von Peter Regner entworfene Eingangsgebäude, das einen Holzbau ersetzte. Schwere Bombenschäden des Zweiten Weltkriegs wurden zwischen 1946 und 1948 behoben. Im Jahr 1957 übernahm das Stadtschulamt im Auftrag der Stadt das Prinze, damals immer noch die einzige Kunsteisbahn Münchens. Nicht selten musste das Stadion wegen Überfüllung geschlossen werden. Die Anlage wurde zwar immer wieder renoviert und modernisiert, dennoch fasste die Stadt 1993 eine Schließung ins Auge. Alles sollte an die UFA-Theater AG verkauft werden, die hier den »Prinzregenten-Palast« mit zwölf Kinos, Tiefgarage und Eisfläche auf dem Dach plante. Der Verkauf scheiterte am Widerstand von Anwohnern und Denkmalschützern. Nachdem sich 1999 OB Christian Ude für den Erhalt des Stadions ausgesprochen hatte, wurden neue Konzepte erarbeitet. Die Stadtwerke übernahmen den Betrieb. Im April 2001 begannen die Renovierungsarbeiten, bei denen das Hauptgebäude abgerissen und durch einen Neubau ersetzt wurde. Zwei Jahre und 18 Mio. Euro Umbaukosten später eröffnete das Prinze neu. Die Eisfläche wurden von 35 m auf 30 m Breite verkleinert und statt eines 50 m Mehrzweckbeckens gibt es nun drei kleinere Einzelbecken.

3.2 Prinzregententheater

Heute dem Stadtteil Bogenhausen zugeschlagen wurde das Prinzregententheater einst auf Haidhauser Grund geplant. In den 1890er Jahren erschloss die Baufirma Heilmann und Littmann die Gegend zwischen Isarhochufer und Steinhausen mit eleganten Häusern für eine gutbetuchte Klientel. Da passte es hervorragend, dass die Idee für ein Theaterprojekt in unmittelbarer Nachbarschaft vorangetrieben wurde. Die neue Spielstätte, so wünschte es sich vor allem der Generalintendant der königlichen Hofbühnen Ernst von Possart, sollte ein Richard-Wagner-Festspielhaus werden. Praktischerweise gab es da noch das Modell eines nie realisierten Festspielhauses, das Gottfried Semper im Jahr 1863 für den Wagner-Fan Ludwig II. entworfen hatte. Doch man hatte

3 Haidhausen/Steinhausen

Haid- und Steinhausen im Jahr 1826

nicht mit der Wagner-Witwe Cosima gerechnet. Die torpedierte das Projekt aufs schärfste, da sie eine Konkurrenz zu den eigenen Festspielen in Bayreuth fürchtete. Possart interessierte der Einspruch wenig, doch Cosima Wagner konnte aufatmen: Die Kassen waren leer, das Festspielhaus nach Semper konnte nicht realisiert werden. Possart gab aber nicht auf. Er trieb private Geldgeber auf, die 1899 die Prinzregententheater GmbH gründeten und Architekt Max Littmann mit der Planung beauftragten. Littmann hielt sich bewusst eng an das Bayreuther Festspielhaus, vermied aber eine exakte Kopie. Wieder schäumte Cosima Wagner. Nach mühsamen Verhandlungen einigte man sich jedoch und Cosima versprach ihr Quertreiben zu beenden. Am 21. August 1901 nahm das Prinzregententheater mit »Die Meistersinger von Nürnberg« den Spielbetrieb auf, nachdem einen Tag zuvor ein großer Festakt über die Bühne gegangen war. Während der NS-Diktatur wurde aus dem Haus das »Theater des Volkes«, in dem ideologisierte Stücke zur Aufführung kamen.

Weil das Gebäude kaum Kriegsschäden davontrug, beherbergte es zwischen 1944 und 1963 die ausgebombte Staatsoper. Ein Jahr später schloss das Prinzregententheater wegen Baufälligkeit. Zumindest für die Öffentlichkeit, denn die Räume wurden weiterhin von der Bayerischen Staatsoper, der Hochschule für Film und Fernsehen, der Landesbildstelle und der Ballettakademie genutzt. 1965 gründete sich die »Bürgerschaftliche Vereinigung Münchner helft dem Prinzregententheater«. Die Tochter des Architekten Max Littmann spendete 2,6 Mio. D-Mark und auch August Everding, ab 1982 neuer Generalintendant, engagierte sich für die Renovierungspläne. Schließlich stimmte die Staatsregierung einer »kleinen Lösung« zu, das bedeutete eine Sanierung von Nebenräumen, Foyer und Zuschauerraum, sowie »die Installation einer den Orchestergraben überdeckenden und in den Zuschauerraum ragenden Spielfläche«. Am 9. Januar 1988 eröffnete das Prinzregententheater in der kleinen Lösung. 1995 begannen dann die Arbeiten zur kompletten Renovierung des Theaters, das dabei weitgehend in den (optischen) Zustand von 1901 zurückversetzt wurde. Dabei wurde auch der von Julius Mössel im Jugendstil gestaltete Gartensaal wiederhergestellt. Mössel hatte auch das Deckengemälde im Theatersaal entworfen, das die Jahrzehnte im Originalzustand überstanden hatte.

Die Ziegeleien

Es ist kaum zu glauben, aber wahr: In der Römerzeit erlebte die Kunst des Ziegelbrennens eine Blüte und war im gesamten Imperium Romanum – also in fast ganz Europa – verbreitet. Und dann geriet die Technik zumindest in Süddeutschland durch die Wirren der Völkerwanderungen wieder in völlige Vergessenheit. Man baute jahrhundertelang nur aus Natursteinen oder aus Holz. Pech für Gegenden, in denen es keine geeigneten Natursteinvorkommen zum Abbauen gab – so wie in München und dem gesamten Umland. Als 1304 in München ein Haus komplett aus Steinen gebaut wurde, zog das »domus lapidea« staunende Menschenmassen an. In München mit seinen Holzbauten tobten immer wieder verheerende Feuersbrünste. Schließlich ordnete Kaiser Ludwig der Bayer am 8. Mai 1342 an, dass man Häuser fortan zumindest mit Dachziegeln gegen den Funkenflug decken musste. Am besten solle man das ganze Haus aus Ziegeln bauen. Das blieb lange nur ein frommer Wunsch.

Dass man aus Lehm Ziegelsteine brennen konnte, war im Laufe des 12. Jahrhunderts durch lombardische Wanderarbeiter wieder bekannt geworden. Langsam setzte sich die Technik in Bayern durch. Die ersten geschäftstüchtigen Münchner Bürger entdeckten die Gebiete östlich der Isar, denn dort gab es eine große Lehmzunge, die sich bequem abbauen ließ. Die Zunge war rund 2 km breit und erstreckte sich von Ismaning

Ziegelei an der Rosenheimer Straße (Gemälde von J. Stephan, 1760); im Mittelgrund die Kirche St. Michael in Berg am Laim

bis Ramersdorf auf einer Länge von knapp 16 km. Direkt am Rande der Lehmzunge lag Haidhausen. So schenkte der fromme Magister Tüchel im Jahr 1358 der Pfarrei St. Peter einen Lehmacker in Haidhausen. Doch Ziegelsteine blieben ein Nischenprodukt.

Ziegel als Brandschutz

Nach einem erneuten katastrophalen Feuer 1418 ließ der Magistrat aus Augsburg einen Ziegelmeister kommen, um die Qualität der Haidhauser Lehmgründe zu prüfen. Das Ergebnis überzeugte. Die Stadt München bestellte und bekam Haidhauser Ziegelsteine aus einem privaten Ziegelstadel, in den ersten zwei Jahren schon stolze 230.000 Steine. Zunächst betrieb der Lieferant Ulrich Hafner acht Brennöfen, dann zehn. 1429 übernahm die Stadt die Produktion, damit jeder Bürger zum Selbstkostenpreis günstiges Baumaterial erstehen konnte. Ulrich Hafner pachtete auch diesen Ziegelstadel, was er über den Stadtbedarf hinaus produzierte, durfte er frei verkaufen. Münchens Ziegelbedarf stieg mit Großprojekten wie den Salzstadeln, den Wehranlagen und dem Bau der Frauenkirche enorm. 1440 besaß München fünf Ziegeleien – drei für Dachziegel, zwei für Backsteine – und schon zwei Jahre später ließ die Stadt in 50 Ziegelwerken brennen. Das nötige Feuerholz kam von den Flößen, so kauften z. B. im Jahr 1473 die Ziegelmeister 356 Flöße zum Verheizen auf. Gebrannt wurden die Steine im »Klosterformat«: 17,5 cm breit, 34 cm lang, 7,5 cm hoch.

Die Ziegeleien

Ob 1568 (li.) oder im 19. Jahrhundert (re.): die Arbeit des Zieglers änderte sich kaum.

Ihren Lehmbedarf deckte die Stadt folgendermaßen: Sie kaufte von den Privateigentümern Grundstücke, ließ die oberste Erdschicht abtragen und dann den Lehm abbauen. War das Land »abgeziegelt«, also der Lehm erschöpft, bekam es der Vorbesitzer zur landwirtschaftlichen Nutzung zurück. 1470 erwarb die Stadt in Haidhausen den Gronimushof vom Heiliggeistspital und 1499 den Lenzbauernhof vom Freisinger Domkapitel, da beide Höfe über große Lehmgründe verfügten. Ein dritter Bauernhof samt Ländereien, der Kotterhof, gehörte dem Leprosenhaus auf dem Gasteig und damit ohnehin der Stadt München. Die städtischen Ziegeleien beherrschten konkurrenzlos den Markt. 56 Brennereien stießen im Jahr 782.000 Mauersteine und 131.000 Dachziegel aus. Wie wichtig und wertvoll die Dachziegel aus feuerpolizeilichen Gründen waren, kann man daran sehen, dass drakonische Strafen drohten, wenn man Steine auf Ziegeldächer warf: 12 Pfund Pfennige musste man dem Richter zahlen und noch einmal 24 Pfund an die Stadt (1 Pfund Pfennige bestand aus 240 Pfennigen; ein Handwerksgeselle verdiente etwa 60 Pfennig am Tag, hätte also den Lohn von 144 Arbeitstagen berappen müssen; für 1 Pfennig bekam man immerhin ein Dutzend Eier).

Wo diese Ziegeleien lagen, ist nicht überliefert. Im späten 17. Jahrhundert kamen aber neue Fabrikationsstätten dazu, deren Lage bekannt ist. Da gab es den »Kölnischen Ziegelstadel«, den der Bruder von Kurfürst Max Emanuel, Erzbischof Joseph Clemens von Köln, 1691 zwischen der Straße nach Ramersdorf und dem Weg nach Berg am Laim bauen ließ. An der Rosenheimer Straße kamen drei neue Betriebe hinzu. Einer gehörte der Stadt, einer dem Paulanerkloster in der Au und einer war in Privatbesitz.

Die Ziegeleien wandern weiter

Um immer neue Lehmvorräte zu erschließen, trieb die Stadt einen schwunghaften Tauschhandel mit den abgeziegelten Grundstücken ihrer Haidhauser Höfe. Es reichte kaum, um das Material für die ganzen Baumaßnahmen in der Stadt zu beschaffen. Der fürstliche Hof deckte seinen Ziegelbedarf zwar hauptsächlich aus Ziegeleien in Berg am Laim und Priel. Doch Kurfürst Max Emanuel betrieb ehrgeizige Bauprojekte wie Schloss Nymphenburg, das Hofbräuhaus, die Isarkaserne und den Residenzausbau, und befahl, dass die Stadt ihn nun auch bevorzugt aus ihren Werken zu beliefern habe. Mit Beginn des 19. Jahrhunderts enden im Wesentlichen die Berichte über Ziegeleien in Haidhausen. Die Lehmvorräte gingen langsam zu Ende, die Produktion wanderte weiter nach Berg am Laim, Bogenhausen und Johanneskirchen. Als letzte große Ziegelei Haidhausens gilt daher »Am Kirchstein«. Im Jahr 1853 erhielt der Kirchenbauausschuss der geplanten neuen St. Johanniskirche die Erlaubnis, einen seit 1820 existierenden Ziegenstadel bei Steinhausen zu erwerben. Das Werk bekam den Namen »Am Kirchstein«, weil es die Ziegel für den Kirchenbau lieferte.

Kinder und Katzelmacher

Inwieweit die Haidhauser Bevölkerung selbst an der Ziegelproduktion beteiligt war, ist nicht überliefert. Vermutlich gehörten viele Tagelöhner in den Herbergssiedlungen zu den Ziegelarbeitern. Im 19. Jahrhundert bis zum Ersten Weltkrieg leisteten vor allem billige Saisonarbeiter aus Italien die schwere Arbeit. Sie wurden in ihrer Heimat von »Akkordanten« angeworben. Die Saison dauerte von April bis Oktober, von »Osterdienstag bis Michaeli«. Mit dem Frühling zogen sie in mehrtägigen Gewaltmärschen zu Fuß aus dem Friaul über die noch

Arbeiterinnen der Haidhauser Ziegelei nahe dem Ostbahnhof, o. J.

schneebedeckten Alpen ins Münchner Umland und schufteten von Sonnenauf- bis Sonnenuntergang für einen Hungerlohn. Etwas Erleichterung gab es ab 1877, als Udine ans Eisenbahnnetz angeschlossen wurde und nun die Strecke in völlig überfüllten Waggons in nur zwei Tagen zurückgelegt werden konnte. Mit dem ersten Kälteeinbruch, wenn kein Lehm mehr abgetragen werden konnte, gingen die Arbeiter zurück nach Italien. Rund 3.000 bis 6.000 Arbeiter sollen es jede Saison gewesen sein. Etliche der Akkordsklaven waren nicht nur minderjährig, es waren oft Kinder, die von ihren Eltern für einen Sommer verkauft worden waren. 1885 schrieb die städtische Schulkommission: »Darunter sind Knaben, dem Anschein nach von 11–14 Jahren, schmächtige blasse, halbverhungerte Gestalten, in der dürftigsten Kleidung, meistens barfuß. Die Jungen leben in einer Art Sklaverei.« Kinder durften damals laut Reichsgewerbeverordnung nur sechs Stunden am Tag arbeiten. Das scherte die Ziegeleibetreiber überhaupt nicht. Damit die Kinder wenigstens ein Minimum an Schulbildung mitbekamen, bot die Wörthschule Ende des 19. Jahrhunderts sogar Unterricht in italienischer Sprache an. Der Erfolg war ernüchternd, kaum jemand kam. Der Weg von den Ziegeleien zur Schule war einfach zu weit und außerdem mussten die Kinder schließlich das Geld heimbringen.

Die Italiener wohnten meist direkt in der Ziegelei, schliefen in völlig verdreckten, fensterlosen Dachböden oder gleich im Trockenstadel oder sie mussten für viel Geld eine Kammer in einer Herberge mieten. Es gab

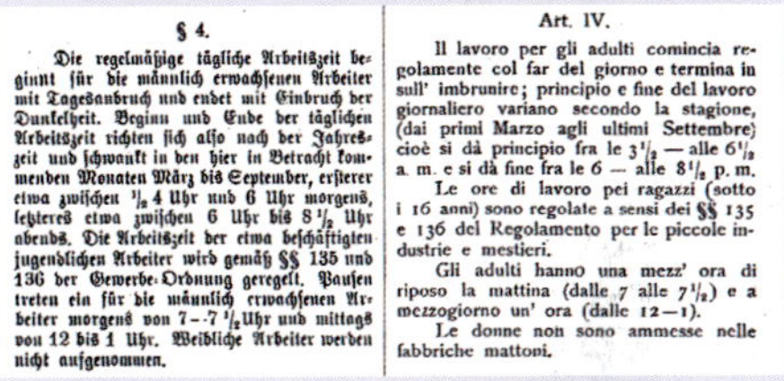

§ 4.

Die regelmäßige tägliche Arbeitszeit beginnt für die männlich erwachsenen Arbeiter mit Tagesanbruch und endet mit Einbruch der Dunkelheit. Beginn und Ende der täglichen Arbeitszeit richten sich also nach der Jahreszeit und schwankt in den hier in Betracht kommenden Monaten März bis September, ersterer etwa zwischen 1/2 4 Uhr und 6 Uhr morgens, letzteres etwa zwischen 6 Uhr bis 8 1/2 Uhr abends. Die Arbeitszeit der etwa beschäftigten jugendlichen Arbeiter wird gemäß §§ 135 und 136 der Gewerbe-Ordnung geregelt. Pausen treten ein für die männlich erwachsenen Arbeiter morgens von 7–7 1/2 Uhr und mittags von 12 bis 1 Uhr. Weibliche Arbeiter werden nicht aufgenommen.

Art. IV.

Il lavoro per gli adulti comincia regolamente col far del giorno e termina in sull' imbrunire; principio e fine del lavoro giornaliero variano secondo la stagione, (dai primi Marzo agli ultimi Settembre) cioè si dà principio fra le 3 1/2 — alle 6 1/2 a. m. e si dà fine fra le 6 — alle 8 1/2 p. m.

Le ore di lavoro pei ragazzi (sotto i 16 anni) sono regolate a sensi dei §§ 135 e 136 del Regolamento per le piccole industrie e mestieri.

Gli adulti hanno una mezz' ora di riposo la mattina (dalle 7 alle 7 1/2) e a mezzogiorno un' ora (dalle 12–1).

Le donne non sono ammesse nelle fabbriche mattoni.

Ausschnitt aus der Arbeitsordnung einer Münchner Ziegelei von 1894 in deutsch und italienisch.

nicht einmal Waschgelegenheiten. Als die Stadt eine bessere Unterbringung durchsetzen wollte, wehrten sich die Ziegeleibesitzer, im Volksmund »Loambarone« genannt, ebenso heftig wie arrogant: »Für unsere italienischen Arbeiter jedoch, die sich vom frühen Morgen bis zum Eintritt der Dämmerung im Freien aufhalten und bei Eintritt der rauen Jahreszeit wieder in ihre Heimat reisen, genügen die Dachschlafräume in den Trockenstädeln vollkommen.«

Zu Essen gab es meist Polenta, den in großen Töpfen gekochten Maisbrei. Ein Kochutensil für Polenta stand Pate für das bayrische Schimpfwort »Katzelmacher« für Italiener. Es leitet sich von den »Gatzeln« ab, von hölzernen Schöpfkellen aus dem Grödnertal, die zum Umrühren der Polenta dienten. Die Zeit der italienischen Gastarbeiter endete mit dem Ausbruch des Ersten Weltkriegs und begann erst wieder in den 1950er Jahren.

3.3 Die Südstadt

Gigantomanie war seine Sache und er hatte gewaltige Pläne mit seiner Lieblingsstadt München: Der »Führer« betätigte sich gerne als Hobby-Architekt und entwarf ab 1934 eigenhändig Großprojekte, die zum Glück meist durch den Krieg verhindert wurden. Eines dieser Großprojekte sollte die Wohnungsnot in München bekämpfen, die sich unter den Nazis noch verstärkte, denn Hitlers irrsinnige Monumentalbauideen mussten zwangsläufig den Abriss ganzer Wohngebiete nach sich ziehen.

Um neuen Wohnraum zu schaffen, entwarf ein Planungsbüro unter Wilhelm Sommerer im Jahr 1939 zunächst 14.500 (später 20.000) Wohneinheiten in gigantischen Mietskasernen in sechs neuen, nationalsozialistischen Trabantenstädten, die auf die schönen Namen »Wallgau«, »Inn«, »Chiemgau«, »Salzach«, »Alpenland« und »Hochland« getauft werden sollten. Ausgangspunkt sollte ein achteckiger Monumentalbau als Hauptquartier für den »Traditionsgau München-Oberbayern« am Gasteig sein, der direkt mit dem Bürgerbräukeller verbunden sein sollte. Die Siedlungen sollten entlang der zur schnurgeraden Ausfall- und Aufmarschachse ausgebauten Rosenheimer Straße bis nach Neubiberg entstehen. Die Neue Südstadt wäre damit perfekt an den Ostbahnhof und an die Salzburger Autobahn angebunden gewesen. Den Abschluss des Viertels sollten ein Forum der Hitler-Jugend und ein »Ostmark-Tor« bilden. Dafür hätten weite Teile Haidhausens, Ramersdorfs und Berg am Laims platt gemacht werden müssen. Die Häuser inklusive der kompletten Einrichtung waren standardisiert. Die Planungen sahen an den Ecken der Wohnblöcke Hochbunker vor, die zum Teil direkt von den Wohnungen aus erreichbar waren. Letztlich blieb es bei der Planung für die Südstadt, nur einige Musterbauten nach Plänen von Fritz Norkauer wurden bis 1944 in Steinhausen entlang der Prinzregentenstraße (Hausnummern 99 bis 111) als »Neue Südstadt« fertiggestellt. Bekannt wurde die Anlage vor allem durch den in einem der Hochbunker beheimateten Ausstellungsraum »Kunstbunker Tumulka«.

Grün eingezeichnet die »Südstadt«, die sich vom Gasteig bis zur Autobahn erstrecken sollte.

Die Musterbauten der »Neuen Südstadt« an der Prinzregentenstraße.

3.4 St. Gabriel

Immer mehr Zuzügler, immer mehr Häuser und immer weniger Platz in der Kirche. Haidhausen dehnte sich auch nach Nordwesten aus. Daher gründete sich 1911 der Kirchenbauverein St. Gabriel und sammelte eifrig Geld für den Neubau einer eigenen Pfarrkirche. Doch durch den Ersten Weltkrieg, die Revolution und die Inflation gingen die bereits gesammelten 25.000 Mark verloren. Kardinal Faulhaber schuf 1922 aus Teilen der Bezirke von St. Johann Baptist in Haidhausen, St. Klara in Berg am Laim und St. Johann von Capistran in der Parkstadt Bogenhausen den neuen Pfarrbezirk St. Gabriel mit 10.000 Gläubigen und übertrug den Franziskanern die Aufgabe, die Pfarrei aufzubauen. Zunächst diente die alte Kirche St. Johann Baptist in der Kirchenstraße als Ersatzkirche. Dank ihrer internationalen Verbindungen konnten die Franziskaner weltweit Gelder sammeln, auch Papst Pius XI. spendete. Von den Spenden konnte man eine halbe Million Ziegelsteine kaufen. Um das Bauholz zu erbetteln, tingelte ein Ordensbruder sogar quer durch Oberbayern von Dorf zu Dorf.

Am 20. September 1925 erfolgte an der Ecke Prinzregenten-/Versailler Straße die Grundsteinlegung für die neue Kirche, die nach Entwürfen von Eduard Herbert und Otho Orlando Kurz gebaut wurde. Der rote Klinkerbau mit seinem 45 m hohen Glockenturm hat ein 17 m hohes Mittelschiff und zwei niedrigere Seitenschiffe. St. Gabriel wurde im Inneren bewusst an eine frühchristliche Basilika angelehnt. Nach schweren Kriegszerstörungen wurde die Kirche vereinfacht wieder aufgebaut. Während einer umfassenden Sanierung in den Jahren 1980/81 gestaltete der Münchner Künstler Max Faller den Altarbereich neu. Übrigens: St. Gabriel besitzt mit der St. Anna im Lehel, St. Maximilian sowie St. Paul an der Theresienwiese eine der größten Filigran-Turmuhren der Stadt.

3.5 Am Kirchstein

Ziegelei

Am Kirchstein verdankt seinen Namen der Tatsache, dass hier die (Ziegel-)Steine für den Bau der neuen Pfarrkirche St. Johann Baptist produziert wurden. Der Kirchenbauausschuss Haidhausen kaufte im Jahr 1855 die seit ca. 1820 existierende Ziegelei »Neustein« an der Äußeren Wiener Straße (heute Einsteinstraße) sowie den dazugehörigen Lehmgrund, um das Baumaterial selbst erzeugen zu können. Die Anlage südlich des Vogelweideplatzes, eigentlich Teil von Steinhausen, nannte man am 7. März 1856 in »Kirchstein« um. Rund 30.000 Ziegel pro Woche wurden hier produziert. Nach dem Ende der Bauarbeiten an der Kirche wurde das Gelände an die »Gas-Beleuchtungs-Gesellschaft« verkauft.

Gaswerk

Das Gaskonsortium kaufte am 26. Juli 1880 das 6 ha große Ziegeleigelände und erhielt zunächst die Ziegelproduktion für den Eigenbedarf weiter aufrecht. Durch Landzukäufe

war bald das ganze Gebiet zwischen Bahn und Wasserburger Landstraße im Besitz der Gasgesellschaft. Riesige Gaskessel, gerne auch »Gaszirkusse« genannt, wurden erbaut, um Gas für die Beleuchtung zu produzieren. 1899 übernahm die Stadt München das Gaswerk. Weil elektrisches Licht das Gaslicht verdräng hatte, wurde das Gaswerk am Kirchstein 1927 stillgelegt. In den 1930er Jahren begann man mit dem schrittweisen Abriss von Nebengebäuden, die großen Kessel blieben als Lagerhallen erhalten. Ein Luftangriff 1942 zerstörte schließlich alles, was noch stand.

Die Farbenfabrik Huber im Jahr 1860 (o.) und 1930 (u.)

Am 5. Februar 1776 kaufte Ritter Franz Ferdinand von Setzger das Gut, nachdem der Jesuitenorden verboten und aufgelöst worden war. Offenbar war das Anwesen inzwischen unter die Herrschaft des Hofmarksherrn Törring-Seefeld gekommen, denn der Graf trat dem neuen Besitzer die Niedergerichtsbarkeit ab. Der Schritt war notwendig, damit Setzger aus seinem nun »Haidenberg« genannten Gut einen Edelsitz machen konnte. Der Name »Haidenberg« setzte sich nie durch, der Volksmund blieb bei »Jesuitengarten«. Der Edelsitz bestand nicht lange. Schon 1791 verkaufte Setzger an den Salzburger Bürger Anton Hiebl. Zuletzt erwarb der Farbenfabrikant Michael Huber am 19. August 1831 das Anwesen für 7.000 Gulden und zog hier seine Farbenfabrik auf (siehe 3.9).

3.9 Farbenfabriken Michael Huber

»Beim Schlampl« nannte man das Haus mit der Nummer 105 in der Herbergsiedlung »Auf der Schwaigen zu Haydhausen« an der Landstraße nach Wien. Hier arbeitete ab 1688 ein Farbenmacher, dessen Name nicht überliefert ist. 1765 erhielt ein gewisser Mathias Mittermayer vom kurfürstlichen Hof die Bewilligung, seine Farben wie Wiener Lack, Berliner Blau, Rotes Karmin und verschiedene Gelbtöne im In- und Ausland zu verkaufen. 1780 übernahm Georg Huber, der Schwiegersohn von Mittermayer, das Geschäft und expandierte erfolgreich. Münchens Aufstieg zur Kunstmetropole im 19. Jahrhundert hatte sicherlich entscheidenden Anteil daran; ebenso Alois Senefelder, der 1796 den Steindruck erfunden hatte und 1806 nach München übergesiedelt war, wo er seine Chemische Steindruckerei gegründet hatte. Georgs Sohn Michael stand in Kontakt zu Senefelder und wusste diese Beziehung auch geschäftlich höchst erfolgreich zu nutzen.

Unter Michael Huber, ab 1815 der Geschäftsführer, expandierte die Firma weiter, die Räume in der Schwaige wurden zu klein. Eine neue Produktionsstätte musste her, doch das bevorzugte Gelände am Wiener Platz bekam Michael Huber nicht. Also kaufte er den ehemaligen Jesuitengarten (siehe 3.8) und baute zwischen Kirchen-, Elsässer- und Spicherenstraße seinen neuen Betrieb. Michael Huber wurde auch Gemeindevorsteher von Haidhausen.

Unter den meist ebenfalls Michael getauften Nachkommen des ersten Michael wuchs der Industriebetrieb immer weiter. Man erweiterte ständig die Angebotspalette und verbesserte Herstellungstechniken. Neben Farben für Lebensmittel und Kosmetika spezialisierte sich die Firma zunehmend auf die Produktion von Druckfarben.

1892, als bereits der dritte Michael die Geschicke in München lenkte, ging dessen Bruder Josef Huber nach New York, um eine eigenständige Fabrik aufzubauen, fünf weitere sollten folgen. Auch in London, Barcelona und Mailand entstanden Filialen. Die Huber-Brüder waren zerstritten, deshalb hatte die Firma in den USA rechtlich nichts mit dem Münchner Unternehmen zu tun.

Die Firma überstand die Weltkriege recht gut. Farben Huber spezialisierte sich nun vollkommen auf Druckfarben. 1965 hatte der ständig expandierende Betrieb die Grenzen seiner Kapazitäten in Haidhausen erreicht. Es gab keinen Platz mehr für neue Mischmaschinen, Reibmühlen und die riesigen Tanks voller Bindemittel und Öle. Zur 200-Jahrfeier fand ein großes Richtfest der neuen Produktionsstätte in Heimstetten statt. 1968 zog die Firma um und verkaufte das Gelände an der Kirchenstraße für rund 8,4 Mio. D-Mark (= ca. 4,2 Mio. Euro) an die Bundespost, dic dort für 2,2 Mio. D-Mark (= ca. 1,1 Mio. Euro) Baukosten ein neues Zentralpostamt erbaute, das 1969 eröffnete.

Doch die Post blieb nicht ewig. Mitte der 2000er Jahre wurde das rund 25.000 m² große Grundstück an Inves-

Neubauten auf dem Farben-Huber-Gelände

toren verkauft. Es entstand ein ab 2008 fertiggestelltes neues Wohnviertel. Die Ecke zwischen Kirchen-, Elsässer- und Spicherenstraße wurde unter dem klingenden Namen »Carré d'Art Haidhausen« vermarktet. Dort kann man nun in der »Residence Manet«, in der »Residence Cèzanne«, im »Palais Renoir« oder auch im »Grand Ensemble Monet« wohnen.

Bleibt die Frage, warum man in der Stadt, die im 19. Jahrhundert den internationalen Kunstmarkt beherrschte, deren größter Exportschlager neben Bier die Kunst war, warum man in der Stadt, die namhafte Künstler hervorbrachte, in der Kandinsky die Abstraktion erfand, warum also ausgerechnet hier französische Künstler als Namenspatrone für ein architektonisch nicht sonderlich anspruchsvolles »Kunstcarré« gewählt wurden. An der Orleansstraße zum Ostbahnhof hin entstand ein geschlossener Riegel mit zwei neuen großen Hotelbauten.

3.10 Franz Kathreiners Nachfolger

Keine Frage, heute gehört das Areal zu Berg am Laim, doch als sich an der Mühldorfer Straße die Firma Franz Kathreiners Nachfolger niederließ, war es noch Teil der Gemeinde Haidhausen. Die Firma Kathreiner war ursprünglich in der Burgstraße 16/17 nahe dem Marienplatz angesiedelt. Franz Kathreiner hatte sich 1842 als Gewürz-, Farben- und Kolonialwarenhändler selbständig gemacht. Nach seinem Tod kaufte der Unternehmer und spätere Königlich Bayerische Geheime Kommerzienrat Emil Wilhelm das Geschäft. Sechs Jahre später stieg sein Kompagnon Adolph Brougier ein. Wilhelm und Brougier dachten größer, sie wollten einen Groß- und Einzelhandel für Kolonialwaren aufziehen. Man

behielt einfach den Namen des Voreigentümers bei und ergänzte ihn um den Zusatz »Nachfolger«, kurz FKN. FKN galt als Spezialist für Kakao, Kaffee und Tee, die aus China importierte Hausmarke »Marco Polo Tee« war eine der ersten geschützten deutschen Warenzeichen. Haupteinnahmequelle blieb aber der Kaffee.

Weil der Kolonialwarenhandel florierte, mussten neue Lagerhallen her. 1887 kaufte man ein 34.000 m² großes Gelände hinter dem Ostbahnhof mit direktem Gleisanschluss. Neben Lagerhallen wurde auch eine Kaffeerösterei gebaut.

Dass es beileibe keine Erfindung der Neuzeit ist, ganz gewöhnliche Lebensmittel

Auf dem Gelände der Kultfabrik finden Fans jede Menge hochkarätige Graffiti.

auf dem rund 90.000 m^2 großen Gelände. Mit rund 30 Diskotheken, Clubs, Konzerthallen, Bars, Imbissbuden und Restaurants bot der Kunstpark Ost die größte Kneipendichte pro Quadratmeter in Europa. Die optimale Anbindung an den Ostbahnhof schwemmte vor allem an den Wochenenden die Amüsierwilligen in das Areal. 250.000 Besucher kamen pro Monat. Einige der Clubs wurden legendär, darunter das Ultraschall, das Babylon, das K41 oder die Milch+Bar, die mittlerweile das Gelände verlassen hat und an der Sonnenstraße zu finden ist. Daneben gab es rund 30 Betriebsstätten für Kleinunternehmer sowie 60 Künstlerateliers, große Antikmarkthallen und jedes Wochenende Flohmärkte. Obwohl der Kunstpark gerne ein subkulturelles Image pflegte, war er ausschließlich profitorientiert, was vor allem von Seiten der dort arbeitenden Künstler immer wieder Kritik hervorrief.

Anfang 2003 endete die Ära Kunstpark Ost, ab da lief ein ganz ähnliches Konzept unter dem Namen **Kultfabrik** weiter. Nach wie vor finden sich über 25 Clubs, Diskos, Bars und verschiedene Veranstaltungslocations auf dem Gelände, daneben rund 100 gewerbliche Mieter, mehrere Theaterhallen, Europas größte Indoor Kletterhalle »Heavens Gate«, ein Stadtstrand, Künstlerateliers, Band-Proberäume und außerdem jede Menge Graffiti, zum Teil hochkarätige Arbeiten von internationalen Sprayerstars. Zentrum von Kunstpark und Kultfabrik ist die ehemalige Werkskantine, die als »Nachtkantine« (in Kunstparkzeiten) und jetzt als »Kantine« den ganzen Tag die Arbeitenden und die ganze Nacht hindurch die Feiernden verköstigt. 2004 gelang den Kultfabrik-Betreibern das, was damals im Kunstpark nie glückte: der Ausstellungsort **whiteBOX** eröffnete und avancierte zu einer interessanten Kunstlocation.

Ein bundesweit einzigartiges Projekt für Theaterberufe riefen die Regisseure Claus Peter Seifert und Dirk Engler im Februar 2001 ins Leben: Sie gründeten den inkunst e. V. Sie wollten Schauspielern und anderen, die professionell im Bereich Darstellende Kunst arbeiten, die Möglichkeit geben, auch in Zeiten der Arbeitslosigkeit weiter ihren Beruf ausüben zu können. In der Waltherstraße 7a konnten sie ein Gebäude der Stadtwerke München anmieten und als Proberäume für eigene Inszenierungen nutzen. Als Partner gewannen die Macher die Bundesagentur für Arbeit, die die Inszenierungen als Weiterbildungsprogramm finanziell unterstützt. Bald wurden die Probenräume zum Spielort ausgebaut: die **Halle 7** war geboren. 2007 bis 2013 war das Theaterprojekt in die Kultfabrik und betrieb dort die Spielorte **darkBOX** und **duschBOX**. Nun zog die Halle 7 weiter in die Dachauer Straße

Optimolwerke

Direkt neben der Kultfabrik befinden sich die Optimolwerke, die Wolfgang Nöth nach dem Ende des Kunstparks 2003 eröffnete. Auf dem einstigen Gelände der Optimol-Ölwerke findet man vor allem Clubs und Diskotheken. Früher waren Optimolwerke und Kultfabrik mit direkten Durchgängen verbunden, doch da sich die beiden Betreiber verkrachten, wurden die Verbindungen abgeriegelt, damit die Feiernden extra den Weg über die Friedenstraße nehmen müssen.

Das Ende von Kultfabrik und Optimolwerke ist abzusehen. Bereits jetzt schieben sich die Neubauten von Seiten der Rosenheimer Straße immer näher an die alten Hallen. Einiges wurde bereits abgerissen. Voraussichtlich ab 2016 soll hier das neue **Werksviertel** entstehen, ein moderner Stadtteil mit einer verwegenen Mischung aus Wohnen, Party, Sport, Arbeiten und Kultur. Der Pfanni-Silo soll stehen bleiben und um ein zehnstöckiges Hotel erhöht werden, auch Werk 3 mit whiteBOX, die Tonhalle, die Nachtkantine und der Schornstein sollen die Umgestaltung überleben.

Im Gelände der Optimolwerke

Impressionen von der Kultfabrik

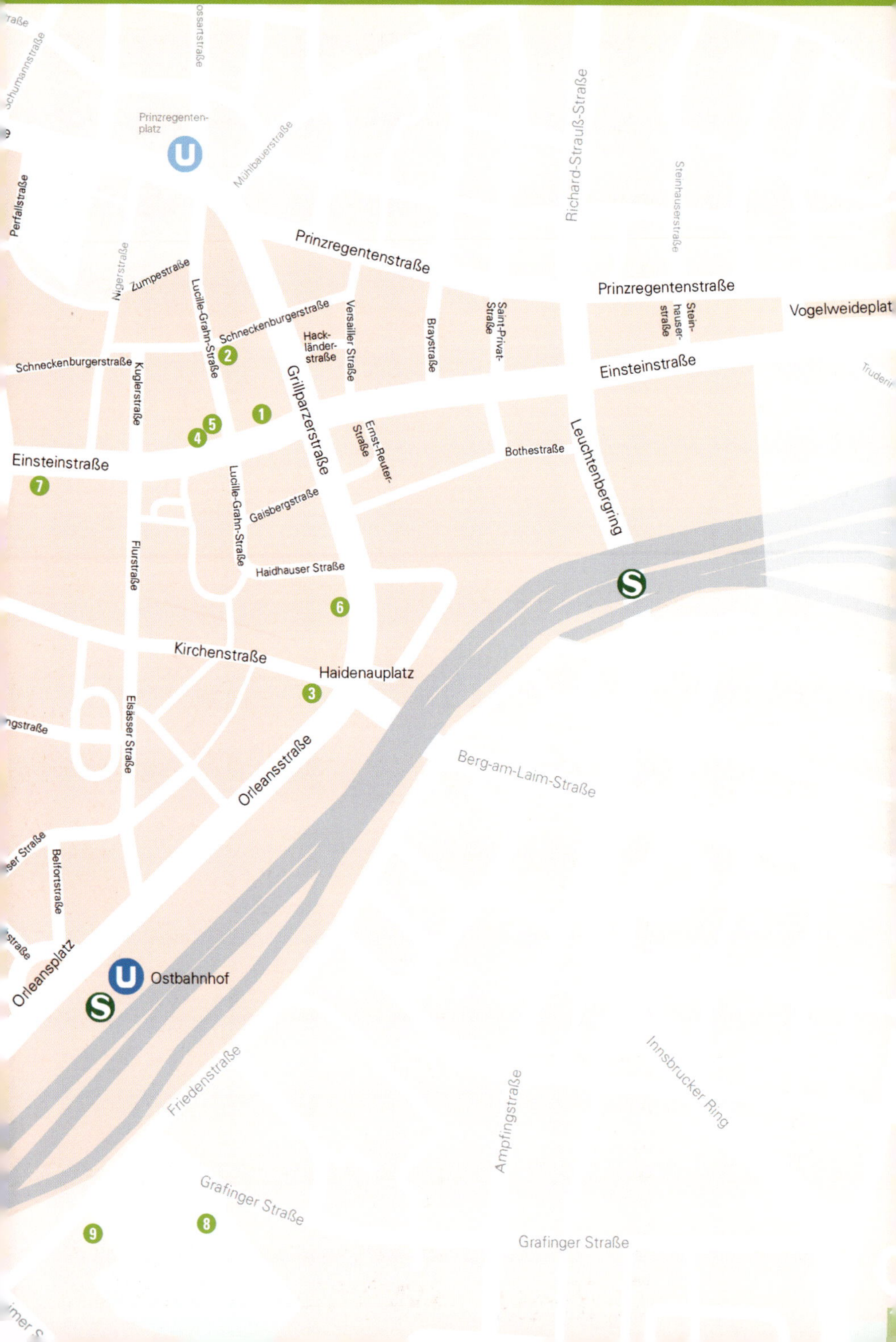

Prinzregentenplatz
U
Mühlbauerstraße
Richard-Strauß-Straße
Steinhauserstraße
Perfallstraße
Nigerstraße
Zumpestraße
Lucille-Grahn-Straße
Prinzregentenstraße
Schneckenburgerstraße
Hackländerstraße
Versailler Straße
Braystraße
Saint-Privat-Straße
Prinzregentenstraße
Steinhauserstraße
Vogelweideplat
Schneckenburgerstraße
Kuglerstraße
Grillparzerstraße
Einsteinstraße
Einsteinstraße
Ernst-Reuter-Straße
Bothestraße
Leuchtenbergring
Lucille-Grahn-Straße
Gaisbergstraße
Flurstraße
Haidhauser Straße
S
Kirchenstraße
Haidenauplatz
Elsässer Straße
Orleansstraße
Berg-am-Laim-Straße
Belfortstraße
Orleansplatz
Ostbahnhof
Friedenstraße
Ampfingstraße
Innsbrucker Ring
Grafinger Straße
Grafinger Straße
1
2
3
4
5
6
7
8
9

In den Wohn- und Gewerbegebieten rings um Grillparzerstraße und Leuchtenbergring tobt nicht so sehr das Leben wie im Rest von Haidhausen. Es gibt wenig Shopping- und Ausgehmöglichkeiten. Jenseits der Bahngleise in Berg am Laim jedoch ist vor allem nachts mehr geboten als anderswo in München. Hier eine kleine Auswahl an Gastrotipps ohne jegliche Gewähr:

Cafés • Kneipen

1 Bascery
Einsteinstr. 119
Café

Café Bistro Luka
Gaisbergstr. 6
Café

Café Prinzregent
Prinzregentenstr. 122
Café

5 Pequeno
Lucile-Grahn-Str. 25
mexikanisch

6 Rusticana
Grillparzerstr. 5
italienisch

7 Surbahar
Einsteinstr. 84
indisch

Nachtleben

8 KULTFABRIK
Grafinger Str. 6

11er
Electro-Club

Americanos
Cocktailbar im Mexican Style

Boomerang
Australian Bar

Die Bar
Partybar

New York Tabledance
Europas größter Tabledance Club

Noa
Bar & Lounge

Nox Club Munich
Electronic Dance Music

Q Club
größter Club der Kultfabrik mit 5 Areas

Rafael
Club & Bar

Roses
Club

Schlagergarten
Kitsch, Schlager und Karaoke

The Temple Bar
Irish Pub

Titty Twister
South American Rock Bar

Essen

2 Cent
Lucile-Grahn-Str. 36
japanisch

Gattopardo
Einsteinstr. 127
italienisch

3 Khanitta
Kirchenstr. 96
thailändisch

4 Koriander Too
Einsteinstr. 113
vietnamesisch

Poseidon
Schneckenburgerstr. 31
griechisch

Eddy's Rock & Oldies Club
Rock & Oldies

Herzblut
Flirtbar

Kölsch Bar
rheinländisch

La Tropicana
Latino-Bar

Living4
Cocktailbar, Club und Shisha-Lounge

Mangosbar
Clubbing & Terrace

Mondscheinbar
Club

Nachtkantine
tags Restaurant und Café, nachts Restaurant und Bar

9 OPTIMOLWERKE
Friedenstr. 10

Brickhouse
internationale Küche

Die Burg
Club

Do Brasil
südamerikanische Bar und Club

Grinsekatze
Techno-Club

Pulz Club
House und Electro

Spielwiese
Club, Terrasse und Bar

Theaterfabrik Club
Black Beat, Hip Hop und Soul

Haidhausen Platte

sen als Pfuscher und Brotabzwacker. Doch Kurfürst Max III. Joseph ernannte ihn zum Hofmaschinisten. Gallmayer erfand raffinierte Maschinenfiguren und Automaten, darunter auch Spieluhren in Form von »pissenden und kackenden« Möpsen.

Genoveva-Schauer-Platz

(seit 1998) Die Teppichweberin Genoveva Schauer (1898–1962) saß für die SPD von 1953 bis 1962 im Stadtrat und engagierte sich u. a. für den Wiederaufbau der Wörthschule. Sie lebte unweit des nach ihr benannten Platzes an der Ecke Milch-/Stein-/Sedanstraße.

Gravelottestraße

(seit 1901) Bei dem Dorf Gravelotte in Lothringen westlich von Metz fand am 18. August 1870 eine Schlacht im Deutsch-Französischen Krieg statt.

Grillparzerstraße

(seit 1906) Der Schriftsteller Franz Grillparzer (1791–1872) gilt heute als der Nationaldichter Österreichs. Zu seinen bedeutendsten Werken zählen die Dramen *Die Ahnfrau*, *Die Jüdin von Toledo*, *König Otokars Glück und Ende* sowie das Lustspiel *Wehe dem, der lügt*.

Grütznerstraße

(seit 1917) Der Maler Eduard Theodor von Grützner (1846–1925), ab 1886 Professor an der Kunstakademie, wurde berühmt durch seine Genrebilder von wein- und bierseligen Zechern (meist Mönchen). Er ließ sich 1884 in dieser Straße, die noch zu Lebzeiten nach ihm benannt wurde, am Rande der Gasteiganlagen eine Villa erbauen. Zuvor hieß sie **Praterstraße**, da sie hinunter zur Praterinsel führte, und davor **Ripfelstraße**, nach dem Steinmetz Anton Ripfel, der sich hier eine prächtige Villa, das sogenannte Ripfelschlößl, baute. Das Ripfelschlößl wurde beim Bau der Gasteiganlagen abgerissen und ist nicht mit der Grütznervilla zu verwechseln.

Hackländerstraße

(seit 1930) Im 19. Jh. war Friedrich Wilhelm Hackländer (1816–1877) mit seinem humorvollen und realistischen Stil einer der meistgelesenen Autoren Deutschlands. Er geriet völlig in Vergessenheit, bis ihm Arno Schmidt 1975 mit seinem Roman *Abend mit Goldrand* ein literarisches Denkmal setze.

Haidenauplatz

(seit 1959) Benannt nach dem Schlösschen Haidenau; zuvor ab 1879 **Coulmiersplatz**, nach der Schlacht von Coulmiers, bei der bayrische Truppen 1870 die Franzosen schlugen.

Haidhauser Straße

(seit 1947) Meist heißen Straßen von alters her nach dem Ort, zu dem sie führen. Doch die Stadt kam erst 1947 auf die seltsame Idee, eine Straße mitten in Haidhausen auf den Namen Haidhauser Straße zu taufen. Haidhausen wurde übrigens 808 als »haidhusir«, also Häuser auf der Heide, erstmals schriftlich erwähnt.

An der Grillparzerstraße

Hochstraße

(seit 1857) Hoch über der Isar verläuft diese Straße zwischen Nockherberg und Lilienberg, daher auch der Name. Zuvor die **Fürstengasse**.

Holzhofstraße

(seit 1856) Einst unterhielt die Armee an der Ostseite dieser Straße ihren Militärholzhof, daher der Name.

Innere Wiener Straße

(seit 1856) Die Landstraße vom Gasteig bis zum Dorf Haidhausen war früher das innere Teilstück der Straße nach Wien (und natürlich Teil der uralten Salzstraße). Ab Haidhausen begann dann die Äußere Wiener Straße (heute Einsteinstraße).

Ismaninger Straße

(seit 1856) Die Straße führte und führt bis heute parallel zur Isar nach Norden Richtung Ismaning; der Ort wurde 809 erstmals urkundlich erwähnt.

Johannisplatz/-straße (Obere, Untere)

(seit 1856) Sie verdanken ihre Namen der Pfarrkirche St. Johannes Baptist. Der Platz hieß zuvor **Metzgeranger.**

Jugendstraße

(seit 1956) Eigentlich müsste sie Kleinkinderstraße heißen, denn der Straßenname bezieht sich auf die Kleinkinderbewahranstalt Haidhausens (Maria-Theresia-Anstalt), die einst hier stand.

Karl-Müller-Weg

(seit 1965) Der erfolgreiche Ingenieur Karl Müller (1821–1909) war begeisterter Anhänger der sozialreformerischen Badebewegung. Also stiftete er ein Vermögen zum Bau des Müllerschen Volksbads, das 1901 eröffnete. Es sollte vor allem Unbemittelten zum Baden und Duschen dienen, es war das erste öffentliche Hallenbad Münchens und damals zugleich eines der größten öffentlichen Bäder der Welt.

Kellerstraße

(seit 1856) Der Gasteigberg war einst von Bierkellern nahezu durchlöchert. Heute erinnert nur noch dieser Straßenname an die bierselige Zeit.

Kirchenstraße

(seit 1900) Sie führt bis heute zur alten Haidhauser Kirche St. Johann Baptist. Die Straße ist die alte **Dorfstraße** und hieß früher **Kirch- und Schulgasse**, **Gemeindestraße** oder auch **Gemainweg**.

Kuglerstraße

(seit 1899) Ein gewisser Herr Kugler betrieb in der Mitte des 19. Jh. hier eine Landwirtschaft.

Langerstraße

(seit 1865) Der Maler Robert von Langer (1783–1846) lehrte ab 1806 als Professor an der Kunstakademie, später war er Generalsekretär der Akademie und ab 1841 Direktor der Königlichen Zentral-Gemälde-Galerie. Er besaß ein Schlösschen in Haidhausen, wo er auch starb.

Leonhardstraße

(seit 1856) Durch diese Straße führten einst die Leonhardifahrten zur 1440 erbauten Leonhardikirche von Siegertsbrunn. Diese Wallfahrt fand im Sommer am Sonntag nach Kilian statt (8. Juli). Üblicherweise werden in Bayern sonst erst im Spätherbst am Leonhardstag (6. November) Pferde und Kutschen geschmückt und zur Kirche gefahren, um Schutz für Pferde und Vieh beim hl. Leonhard zu erbitten.

Waschtag in den Herbergsanwesen in der Grube 28 bis 30 (ca. 1905)

Leuchtenbergring

(seit 1960) Weil sich Amalie Auguste von Bayern dem Willen Napoleons beugte und dessen Stiefsohn Eugène-Rose de Beauharnais (1781–1824) heiratete, wurde Bayern Königreich und Amalies Vater Max der erste bayrische König. Nach Napoleons Sturz fand Eugène Zuflucht in München und wurde bavarisiert zu Eugen Herzog von Leuchtenberg und Fürst von Eichstätt.

Lothringer Straße

(seit 1872) Die französische Region Lothringen grenzt an Belgien, Luxemburg und Deutschland. Wie auch das Elsass wechselte Lothringen mehrfach die Zugehörigkeit zu Frankreich oder Deutschland. Nach dem Deutsch-Französischen Krieg kam es 1871 vorübergehend wieder einmal zu Deutschland.

Lucile-Grahn-Straße

(seit 1906) Die dänische Primaballerina Lucile Grahn-Young (1825–1907) feierte Triumphe auf den großen Bühnen Europas. Von 1869 bis 1875 wirkte sie als Ballettmeisterin und Direktorin am Hoftheater in München. Sie vermachte ihr gesamtes Vermögen mittels einer Stiftung zur Berufsausbildung von Jugendlichen der Stadt München.

Maria-Theresia-Straße

(seit 1880) Maria Theresia Henriette Dorothea Erzherzogin von Österreich-Este und Prinzessin von Modena (1849–1919) heiratete 1868 Prinz Ludwig von Bayern, den späteren König Ludwig III., wodurch sie Bayerns letzte Königin wurde.

In Haus Nr. 11 lebte der Erfinder der nach ihm benannten Strahlen ***Wilhelm Conrad Röntgen*** von 1919 bis 1923.

In Haus Nr. 20 wohnte einige Jahre der Literat ***Joseph Ruederer***.

Max-Planck-Straße

(seit 1956) Der Physiker Max Karl Ernst Ludwig Planck (1858–1947) studierte einst für drei Jahre in München und war später auch als Privatdozent hier tätig. Planck gilt als Begründer der Quantenphysik, die heute neben Einsteins Relativitätstheorie wesentlich das heutige physikalische Weltbild prägt. 1918 wurde Planck der Nobelpreis für Physik verliehen. Zuvor hieß die Straße **Äußere Maximilianstraße** als Verlängerung der Maximilianstraße.

Max-Weber-Platz

(seit 1905 und 1998) Der Platz hat zwei Namenspatrone:

1) Max Weber (1823–1893) diente

Die Haidhauser Milchstraße

Haidhausen bis zur Eingemeindung als Gemeindeschreiber, danach war er Magistratsrat der Stadt München.

2) Max Weber (1864–1920) gilt als einer der Begründer der deutschen Soziologie sowie der Kultur- und Sozialwissenschaften. Ab 1919 lehrte er Nationalökonomie an der Münchner Universität. Weber war außerdem Mitbegründer der Deutschen Demokratischen Partei.

Meillerweg

(seit 1931) Der Verwaltungsrat im Gasteigspital Franz Xaver Meiller (1852–1935) machte sich um die Armenfürsorge in München verdient.

Metzgerstraße

(seit 1856) Sie erinnert an den Metzger Joseph Sailer, dem einst ein riesiges Areal mitten in Haidhausen gehörte, der sogenannte Metzgeranger, auf dem heute die Pfarrkirche St. Johann Baptist steht.

Metzstraße

(seit 1880) Metz liegt im Nordosten Frankreichs, hat rund 130.000 Einwohner, ist die Hauptstadt der Region Lothringen sowie des Departements Moselle. Nach dem Krieg 1870/71 kam Metz zum Deutschen Reich, seit 1919 ist es wieder französisch.

Michael-Huber-Weg

(seit 2006) Michael Huber (1788–1857) war Gemeindevorsteher in Haidhausen und Farbenfabrikant.

Milchstraße

(seit 1856) Einst siedelten hier nahe der Lüften, wo der Viehmarkt stattfand, die Milchmänner, bei denen die Bauern aus dem Münchner Osten ihre Milch verkauften. Sie hieß einst **Sonnenstraße.**

Neherstraße

(seit 1899) Karl Josef Bernhard von Neher (1806–1886) studierte Malerei in München. Zwischen 1832 und 1835 führte er am Isartor das Fresko *Einzug Kaiser Ludwigs des Bayern nach der Schlacht bei Ampfing* nach Entwürfen von Peter Cornelius aus.

Nigerstraße

(seit 1883) Hier ist nicht der westafrikanische Staat Namensgeber, sondern eine Münchner Patrizierfamilie namens Niger, die im 14. Jh. viele fromme Stiftungen ins Leben rief.

Orleansplatz/-straße

(um 1872) Wieder einmal Stand der Deutsch-Französische Krieg Pate: Am 11. Oktober 1870 eroberten deutsche Truppen die Stadt Orleans. Die Stadt (rund 115.000 Einwohner) im Herzen Frankreichs ist Universitäts- und Bischofssitz. Weltberühmt wurde sie durch die Jungfrau von Orleans, Jeanne d'Arc.

Pariser Platz/Straße

(seit 1872) Von September 1870 bis Januar 1871 belagerten deutsche Truppen im Deutsch-Französischen Krieg die Metropole Paris. Am 28. Januar 1871 kapitulierten schließlich die französischen Verbände. Die Namensgebung sollte die Erinnerung an diesen Sieg bewahren.

Perfallstraße

(seit 1958) Gleich zwei Perfalls standen hier Pate:

1) Der Komponist und Dirigent Karl August Franz Sales von Perfall (1824–1907) war von 1868 bis 1892 Intendant des königlichen Hofthea-

ters. Unter seiner Ägide kamen 742 Aufführungen von Wagner-Opern auf die Bühne.
2) Dessen Neffe Anton Alexander Albrecht von Perfall (1853–1912) war ein erfolgreicher Heimat- und Jagdschriftsteller.

Preysingplatz/-straße

(seit 1897) Dem Politiker Maximilian Graf von Preysing-Hohenaschau (1736–1829), der Landschaftsverordneter und bayerischer Gesandter beim Rastatter Friedenskongress bis 1798 war, gehörte das Preysing-Schloss in Haidhausen.
In Preysingstraße 1 lebte der Komponist *Max Reger*.

Prinzregentenstraße

(seit 1890) Prinzregent Luitpold von Bayern (1821–1912) regierte ab 1886 das Königreich Bayern. Zunächst nur drei Tage lang für seinen entmündigten Neffen König Ludwig II., dann bis zu seinem Tod für dessen geisteskranken Bruder König Otto I. Bis heute werden die Jahre der Prinzregentenzeit als »goldene Jahre« verklärt.
An der Prinzregentenstraße 60–62 erbaute sich Malerfürst *Franz von Stuck* seine repräsentative Villa.

Pütrichstraße

(seit 1881) Die Pütrichs zählten vom 13. bis 15. Jh. zu den bedeutendsten Patrizierfamilien in München. Das ursprünglich aus dem Rheinland stammende Geschlecht stellte mehrere Stadträte und auch einen Bürgermeister. Ein Teil des Sendlinger Tors bezeichnete man einst als Pütrichturm, weil der Torturm 1319 in das Stadthaus der Pütrich einbezogen worden war, und das Angerviertel hieß um 1420 »des Hans Pütrichs Viertel«.

Rablstraße

(seit 1898) Mit der Straße wird Pfarrer Hermann Rabl (1778–1848) geehrt, der sich entscheidend für den Bau der Mariahilfkirche in der Au engagierte. Dank seiner Initiative kamen die nötigen finanziellen Mittel zusammen.

Rosenheimer Platz/ Straße

(seit 1929) Benannt nach der oberbayrischen Stadt Rosenheim (ca. 62.000 Einwohner), die am Zusammenfluss von Mangfall und Inn liegt. Sie hieß einst **Neuer Weg** oder **Neustraß**.

Saint-Privat-Straße

(seit 1902) Saint-Privat-la-Montagne ist ein Dorf in Lothringen, Departement Moselle. In unmittelbarer Nähe fand 1870 die Schlacht von Gravelotte (ein Nachbardorf) statt, bei der die deutschen Truppen die Franzosen nach Metz zurückdrängten.

Schiltbergerstraße

(seit 1878) Er gilt als Münchens Marco Polo: Johannes Schiltberger (ca. 1380–ca. 1430) kam mit 14 Jahren bei einem Kreuzzug in osmanische Gefangenschaft und zog dann unter verschiedenen Herren quer durch den vorderen Orient bis Indien, im Süden erreichte er Ägypten und schließlich war er der erste Europäer, der im Norden bis nach Sibirien kam. 1426 gelang ihm nach dreißig Jahren Gefangenschaft die Flucht. Er kehrte nach München zurück und schrieb seine Erlebnisse nieder, die im 15. Jh. ein Bestseller wurden.

Schleibingerstraße

(seit 1899) In der Theatinerstraße eröffnete 1584 eine Brauerei, die ab 1635 von Michael Schleibinger betrieben wurde. »Der Schleibinger Bräu machte zwar keinen residenzlichen Eindruck, denn er war das schmutzigste Wirtshaus in München, ähnlich dem alten Hofbräuhause, aber man aß und trank dort billig«, beschrieb ein Reisender im 19. Jh. das Gasthaus. Schleibinger unterhielt wie viele andere Brauereien auch einen Bierkeller in Haidhausen (Rosenheimer Straße 18–26). Die Brauerei stieß zuletzt 13.600 hl Bier jährlich aus. Sie wurde 1872 von Paulaner geschluckt.

Schloßstraße

(seit 1856) An der Straße lag das Schloss des Hofmarkbesitzers, das später zur Schule umgebaut wurde.

An der Preysingstraße

Die Straßennamen

Die Ecke Kirchen-/Seeriederstraße im Jahr 1900

Schneckenburgerstraße

(seit 1899) Der Dichter Max Schneckenburger (1819–1849) schrieb 1840 das patriotische Gedicht *Die Wacht am Rhein*, vertont durch Karl Wilhelm, das im Deutsch-Französischen Krieg 1870/71 zum deutschen Nationallied wurde.

Sckellstraße

(seit 1876) Der Gartengestalter und Städteplaner Clarus Friedrich Ludwig von Sckell (1750–1823) begann 1789 mit dem Konzept für den Englischen Garten. 1799 wurde er Gartendirektor für die kurfürstlichen Gärten der Pfalz und Bayerns und 1804 Hofgartenintendant in München, wo er den Englischen Garten vollendete.

In der Sckellstraße 1 lebte kurzfristig der Komiker *Karl Valentin*.

Sedanstraße

(seit 1872) Bei der Kleinstadt Sedan in den Ardennen tobte eine Schlacht im Deutsch-Französischen Krieg, Hier geriet Frankreichs Kaiser Napoleon III. zusammen mit 100.000 Soldaten am 2. September 1870 in deutsche Gefangenschaft. Im neu gegründeten Kaiserreich wurde dieser Tag zum Nationalfeiertag erkoren und man feierte bis 1918 den Sedantag.

Seeriederstraße

(ca. 1856) Einer Familie Seerieder gehörte einst Land in diesem Gebiet.

Spicherenstraße

(um 1880) Auf den Höhen von Spichern (auch Spicheren), einem kleinen Dorf in Lothringen, besiegte Preußen mit seinen Verbündeten am 6. August 1870 französische Verbände und machte so den Weg nach Metz frei.

Steinhauser Straße

(seit 1899) Diese Straße führte zur 1808 erstmals erwähnten Einöde Steinhausen zwischen Haidhausen und Zamdorf. Steinhausen gehört heute zum Großteil zum Bezirk Bogenhausen, ein kleiner Teil gehört zu Haidhausen-Au. Steinhausen verdankt seinen Namen den Ziegelsteinen, die in der Gegend gebrannt wurden.

Steinstraße

(seit 1856) Einst befand sich eine Kiesgrube in der Nähe, aus der die Stadt München Sand und Steine für ihre Straßen bezog. Der südliche Abschnitt hieß früher **Lüftenstraße**, weil er zur Lüften (= heutiger Rosenheimer Platz) führte, der nördliche Teil hieß **Sandstraße**.

Stubenvollstraße

(seit 1927) Bis ins Jahr 1557 ging die Geschichte des Stubenvollbräus zurück. Damals wurde die Brauerei am Unteren Anger gegründet. Namensgeber Hans Stubenvoll übernahm die Brauerei 1659. Auch Stubenvollbräu (existierte bis 1853) unterhielt einen Sommerbierkeller an der Rosenheimer Straße nahe dem Gasteig.

Trogerstraße

(seit 1893) Vom Hirtenjungen zum gefeierten Hofbildhauer: Der Südtiroler Bauernsohn Simon Troger (1693–1768) lernte das Holz- und Elfenbeinschnitzerhandwerk und erreichte eine unvergleichliche Meisterschaft. Er kam 1730 nach München, gründete drei Jahre später in Haidhausen sein Atelier und wurde

Haus- und Hofbildhauer der bayrischen Kurfürsten.

Truderinger Straße

(seit 1913) Wie der Name verrät, führt diese Straße nach Trudering, jenem 772 erstmals als »Truhtheringa« erwähnten Ort östlich von München, der 1932 eingemeindet wurde.

Untere Feldstraße

(seit 1856) Einst verlief hier ein Feldweg, der vom Dorf zu den Feldern führte. Er überquerte die Landstraße nach Bogenhausen. Der Teil westlich der Landstraße wurde zum **Unteren Feldweg**. Es gab auch den **Oberen Feldweg** (östlich der Landstraße), doch der ging im Gelände des Klinikums rechts der Isar auf.

Versailler Straße

(seit 1900) Nachdem die deutschen Truppen den Deutsch-Französischen Krieg für sich entschieden hatten, ließ sich der preußische König Wilhelm I. im Spiegelsaal von Schloss Versailles am 18. Januar 1871 zum deutschen Kaiser ausrufen. In Versailles wurde zudem nach dem Ersten Weltkrieg der Friedensvertrag mit Deutschland unterzeichnet. Sonnenkönig Ludwig XIV. ließ das prunkvolle Schloss 22 km westlich von Paris erbauen.

Vogelweideplatz

(seit 1900) Walther von der Vogelweide (um 1170 – um 1230) ist der Inbegriff des Minnesängers. Er gilt als bedeutendster deutscher Dichter des Mittelalters, der sowohl scharfzüngig zu politischen Themen Stellung bezog, als auch die Minne, also die Kunst des Liebeslieds, beherrschte. Vogelweide wurde vor allem für seine Lieder berühmt, in denen nicht standesgemäße Liebe ihre Erfüllung findet.

Walserstraße

(seit 1877) Man nannte ihn den »Bettler von Haidhausen«: Stadtpfarrer und Schulinspektor Johann Georg Walser (1807–1871) sammelte unermüdlich in ganz Bayern Spenden für den Neubau der Johanniskirche.

Weißenburger Platz/ Straße

(seit 1897 bzw. seit 1872) Bei der elsässischen Stadt Weißenburg (franz. Wissenbourg) im Departement Bas-Rhin fand am 4. August 1870 die erste Schlacht des Deutsch-Französischen Kriegs statt, bei der erstmals ein gesamtdeutsches Heer zum Einsatz kam. Die Schlacht endete mit einem deutschen Sieg.

Wiener Platz

(seit 1891) Der beliebte Haidhauser Treffpunkt wurde nach der österreichischen Hauptstadt Wien benannt, denn einst trafen sich hier Innere und Äußere Wiener Straße, es war also der Beginn der Fernstraße nach Wien.

In einem Haus am Wiener Platz wurde der Chirurg und Universitätsprofessor ***Johann Nepomuk von Nußbaum*** geboren.

Wörthstraße

(seit 1872) Bei dem französischen Dorf Wœrth (deutsch Wörth an der Sauer) im elsässischen Departement Bas-Rhin fand am 6. August 1870 eine der ersten Schlachten des Deutsch-Französischen-Krieges statt. Sie forderte über 20.000 Tote. In den Häusern Nr. 35 und 20 lebte der Komponist ***Max Reger***.

Wolfgangstraße

(seit 1856) Als die Straße so benannt wurde, stand hier noch die St.-Wolfgang-Kapelle. Sie wurde 1878 abgerissen. Der hl. Wolfgang von Regensburg (um 924–994) war Missionar und Bischof von Regensburg.

Zellstraße

(seit 1965) Berufs-Stadtrat Dr. Clemens Zell (1875–1958) war Direktor der Elektrizitätswerke und trug maßgeblich zum Ausbau der Energieversorgung Münchens bei.

Zumpestraße

(seit 1906) Der Dirigent Hermann Zumpe (1850–1903) kam 1895 erstmals nach München und übernahm für zwei Jahre die Leitung der Münchner Philharmoniker. 1901 kam er erneut nach München und wurde Generalmusikdirektor des neuen Prinzregententheaters.

Wo heute das Müllersche Volksbad steht, gab es 1830 eine Baumschule.

Haidhausen in Zahlen

26.638 Einwohner, davon 12.891 Männer und 13.747 Frauen

15.068 Haushalte, davon 8.805 Singlehaushalte

3.073 Einwohner sind 65 Jahre und älter

379 Geburten gegenüber 224 Sterbefällen

38,67 Jahre alt ist der Durchschnittshaidhauser

[Vergleich: Durchschnittsmünchner 41,5 Jahre; Durchschnittsdeutscher 43,5 Jahre]

612 Arbeitslose

4 Grundschulen, 2 Gymnasien, 2 Realschulen

53 Kinderbetreuungseinrichtungen mit 1.932 Betreuungsplätzen

1 Krankenhaus mit 33 Fachkliniken und 1.091 Betten

2 Altenheime mit 197 Plätzen

2 Museen, 5 öffentliche Bibliotheken, 2 Theater und 1 Kino

124 Ärzte = 214,8 Einwohner je Kassenarzt

24 Zahnärzte = 1.109,9 Einwohner je Kassenzahnarzt

10 Apotheken = 2.663,8 Einwohner pro Apotheke

182,37 ha Gesamtfläche

9.826 Kraftfahrzeuge, davon 353 Lkw und 888 Krafträder

Ergebnisse Bezirksausschusswahl 2008*:

SPD	39,5 %
Grüne	30,9 %
CSU	20,8 %
FDP	8,8 %

Bezirksausschussvorsitzende:
Adelheid Dietz-Will, SPD

6.048 Menschen mit ausländischem Pass leben in Haidhausen, die Top-5 der Nationalitäten:

1.	Türken	620
2.	Italiener	558
3.	Griechen	476
4.	Österreicher	428
5.	Kroaten	425

*Ergebnisse für gesamten Stadtbezirk 5
Au-Haidhausen

Quelle: Statistisches Amt München für Haidhausen ohne Au; Datenstand Dezember 2012

Stichwortverzeichnis

Viele der folgenden Stichworte finden sich im Buch auch an anderer Stelle; wir weisen in diesem Verzeichnis nur auf die Hauptartikel zum jeweiligen Stichwort hin.

Literatur

100 Jahre Pfarrkirche St. Johann Baptist München-Haidhausen, Festschrift

150 Jahre Huber-Farben 1780–1930, Festschrift. München 1930

40 Jahre Akademie U5 – 40 Jahre Zukunft. München 2008

Altmann, Lothar: Das Maximilianeum in München. München, Zürich 1991

Arz, Martin/**Schäfer,** Marc: Unser München – das Stadt-TeilBuch. München 2011

Arz, Martin: Todsicheres München – Die spektakulärsten Kriminalfälle. München 2009

Assél, Astrid/**Huber,** Christian: München und das Bier – Auf großer Biertour durch 850 Jahre Braugeschichte. München 2009

Bachmann, Christoph: Der Mordfall Josef Apfelböck. In: Farin, Michael (Hrsg.): Polizeireport München 1799–1999. München, 1999, S. 154–165

Baier, Johann: Armut, Not und Hoffnung am Rande einer Stadt. Haidhausen im Jahrhundert der Cholera-Epidemien. München 1988

ders.: Festschrift 65 Jahre Katholischer Deutscher Frauenbund München Haidhausen – 150 Jahre Maiandacht in Haidhausen. München 1991

Baierische Topographie, kurze Entstehungsgeschichte der Hofmark Haidhausen unweit München. In: Churpfalzbaierisches Intelligenzblatt, XV. Stück, Sonnabend den 10ten April 1802

Barth, Frank Karl von/**Pilgrim,** Franz Anton: Entwurf des Bürgerlichen Lazareths oder sogenannten Leprosenhauses am Gasteig, und dessen Einrichtung. Gedruckt auf Kosten eines Gutthäters. München 1773

Bauer, Richard/**Graf,** Eva: Nachbarschaften. Altmünchner Herbergsviertel und ihre Bewohner. München 1984

Baumgartner, Anton: Die Feyer des heil. Johannes des Täufers in der k. h. Gräflich-Törring-Seefeldschen Hofmark Haidhausen bey München. München 1822

Bayerische Theaterakademie August Everding im Prinzregententheater (Hrsg.): 100 Jahre Prinzregententheater. Festschrift. München 2002

Brecht, Berthold: Apfelböck oder die Lilie auf dem Felde. In: Gesammelte Werke. Frankfurt a. M., 1967

Burmeister, Enno: Villa und Atelier Franz von Stuck in München-Bogenhausen. In: Baudokumentation. Arbeitshefte zur Denkmalpflege 38. München 1990

ders.: Villa und Atelier Franz von Stuck in München-Bogenhausen. Restaurierungskonzept, Kostenberechnung. Arbeitshefte zur Denkmalpflege 39. München 1994

Bohl, Andreas: Spaziergang durch Haidhauser Straßen mit 25 Fotografien von Annette Fulda. München 1992

Braunmüller, Robert/**Schläder,** Jürgen: Tradition mit Zukunft – 100 Jahre Prinzregententheater. Feldkirchen bei München 1996

Danzker, Jo-Anne Birnie: Die Villa Stuck. Ostfildern 2007

Dresler, Wolfgang: Geschichte des Völkischen Beobachters und des Zentralverlags der NSDAP Franz Eher Nachf. München 1937

Franz Kathreiner's Nachfolger, Kolonialwarenhandlung und Kaffeesurrogat-Fabrik. In: Julius Kahn: Münchens Großindustrie und Großhandel. München 1891

Giesing – Au – Haidhausen 1854–1979. Seit 125 Jahren bei München. Alte Dörfer rechts der Isar vor den Toren Münchens. Festschrift, München 1979

Gollwitzer, Heinz (Hrsg.): 100 Jahre Maximilianeum 1852–1952, Festschrift. München 1953

Hartmann, Barbara: Das Müller'sche Volksbad in München. München 1987

Herb, Al: Sündiges München – Nachtszenen der Nachkriegszeit. München 2012

Heerde, Walter: Haidhausen – Geschichte einer Münchner Vorstadt. München 1972

Karl, Willibald/**Lemke,** Arnold: Das Prinzregentenstadion – eine Münchner Lebenswelt. München 2006

Kasberger, Erich/**Eckardt,** Winfried (Hrsg.): LehmZiegelStadt – Der Rohstoff Lehm in der Münchner Stadtgeschichte. München 2008

Landeshauptstadt München (Hrsg.): München wie geplant – Die Entwicklung der Stadt von 1158 bis 2008. München 2004

Lisson, Peter (Hrsg.): Drehscheibe des Südens – Eisenbahnknoten München. Darmstadt 1991

Mitten unter uns. Jüdisches Leben in Au und Haidhausen. Ausstellung (Kurator Michael Kaufmann), Stadtbibliothek Gasteig. München 2004

Münster, Thomas: Münchner Oldtimer der Maschinentechnik – Muffat- und Maximilianswerk. In: Süddeutsche Zeitung vom 17. August 1983

Österreicher, Helmut: Medizingeschichte in Haidhausen – Das städtische Krankenhaus München rechts der Isar (1854–1968), Dissertation. München 1986

Ott, Fritz: Die Vorstadt Haidhausen. München 1922

Pabst, Martin: Die Münchner Tram – Bayerns Metropole und ihre Straßenbahn. München 2000

Schattenhofer, Michael (Hrsg.): 100 Jahre Münchner Straßenbahn 1876–1976. München 1976

Schoen, Christian: Apfelböck oder Über das Töten. München, 2005

Scholz, Franz: 100 Jahre Wörthschule 1885–1985. München 1985

Selig, Heinz: Stadtgestalt und Stadtbaukunst in München 1860 bis 1919. München 1983

Stadtpfarrei St. Johann Baptist. München 1957 (ohne Autorenangabe)

Stracke, Ferdinand: Wohn-Ort München – Stadtentwicklung im 20. Jahrhundert. München 2012

Standl, Günter/ **Bachmann,** Rupert: Müller'sches Volksbad. Rosenheim 2001

Todorov, Dimitri: 22 Jahre Knast. München, 2002

Die Villa Stuck in München. Inszenierung eines Künstlerlebens. München 1992

Wagner, Dieter: Prinzregentenstraße, 4. August. Serie in der Süddeutschen Zeitung, 11.–22.04.1972

Weyerer, Benedikt: München 1919–1933 – Stadtrundgänge zur politischen Geschichte. München 1993

Wilhelm, Hermann: Haidhausen. Münchner Vorstadt im Lauf der Zeit. München 2004

ders.: In der Münchner Vorstadt Au. Vergessene Lebenswelten des Siebzehnten, Achtzehnten und Neunzehnten Jahrhunderts. München 2003

ders.: Materialien zur Haidhauser Geschichte; diverse Bände

Bezirksausschuss Au-Haidhausen:

Bezirksausschuss 5
BA-Geschäftsstelle Ost
Landeshauptstadt München Baureferat
Zimmernr. 2.207
Friedenstraße 40
81671 München

Fon: 089-23361490
Fax: 089-23361485

E-Mail (Geschäftsstelle): bag-ost.dir@muenchen.de

Bildnachweis | Impressum

Martin Arz Cover innen vorne u. Cover-Rückseite, 2, 5, 13 u., 15, 16 l. + u., 18, 19, 21, 22 l., 24 u., 31 u., 32, 34, 35, 36, 37, 40, 43, 44 l., 45, 47, 49, 51 u., 56, 60 l., 61 o., 69, 70 l., 72 l. u. o., 74, 75, 76 u, 77 u., 79, 81, 83 u., 87 u., 88 o. + r., 89, 91 u., 93, 94, 95, 99, 104 u., 105 l., 106 o., 107 r., 109 o., 111, 112, 113, 115, 117, 118, 120, 121, 127

Quirin Empl 86, 87 o.

Haidhausen Museum 58, 72 (Poster), 103 o.

Hirschkäfer Verlag Archiv Cover innen hinten, 6, 8, 9, 10, 14, 17 u., 22 r., 26, 28, 29, 30 l., 38, 41, 42 l., 49 u., 50, 57, 63 u., 65 u., 70 r., 78, 82, 84, 85, 90, 98, 102, 103 u., 116, 123

Interfoto 11, 23 u., 24 o., 39, 51 o., 52, 53 u., 88 u.

MHM Holding GmbH 108

Münchner Stadtmuseum, Sammlung Graphik/ Plakat/Gemälde 17 o., 20 o., 25, 33 o., 42 r., 55 u., 60 r., 76 o., 80, 100-101

Privatsammlung 55 o., 59, 109 u., 110

Franz Schiermeier Verlag 104 o.

Stadtarchiv München 7 (Pett1-1302), 16 o. (Pett1-3062), 20 u. (Stb-0278-Heime003), 21 u. (Stb-0552), 23 o. (Stb-0550), 27 (HB-XX-W-045), 30 o. (Pett2-1586, 31 o. (KV-0756), 33 u. (KV-0904), 53 r. (HB-XX-G-42), 54 (HB-XX-S-035), 61 u. (HB-XX-G-57), 62 (Pett1-1289), 63 o. (HB-XX-W-097), 64 (HB-XX-K-168a), 65 o. (HB-XX-G-51), 66 (Pett1-0355, HB-XX-W-099), 67 (HB-XX-M-088, HB-XX-W-068), 68 (Pett1-1281, Pett1-0235), 72 u. (KV-0763), 73 (KV-1659), 77 o. (HB-XX-K-165), 83 o. (Pett 2-3314), 91 o. (WEIN-0132), 105 r. (Pett1-1667), 106 u. (Pett2-3309), 107 l. (Pett2-3275), 119 (Pett1-1295), 122 (Pett1-1667)

Stadtwerke München 97 u.,

SWM/Robert Goetzfried 13 o. **/Foto Standl** 48 o. l. **/ Kerstin Groh** 97 o.

Unterfahrt 71

Wikimedia Commons 8/9 u., 44 r.

alle aktuellen Karten © Hirschkäfer Verlag 2013

Impressum

1. Auflage, Juni 2013

Text und Gestaltung: Martin Arz

Grundlayout: Franz Schiermeier Verlag

Druck: Druckservice Brucker, Mainburg

ISBN 978-3-940839-29-9

Besuchen Sie uns im weltweiten Netz:

www.hirschkaefer-verlag.de

Mit Liebe gemacht.